CW00485390

DIETRICH VON FREIBERG

Abhandlung über den Intellekt und den Erkenntnisinhalt

Übersetzt und mit einer Einleitung
herausgegeben von
BURKHARD MOJSISCH

FELIX MEINER VERLAG
HAMBURG

PHILOSOPHISCHE BIBLIOTHEK BAND 322

Im Digitaldruck »on demand« hergestelltes, inhaltlich mit der ursprünglichen Ausgabe identisches Exemplar. Wir bitten um Verständnis für unvermeidliche Abweichungen in der Ausstattung, die der Einzelfertigung geschuldet sind. Weitere Informationen unter: www.meiner.de/bod

Bibliographische Information der Deutschen Nationalbibliothek

Die Deutsche Nationalbibliothek verzeichnet diese Publikation in der Deutschen Nationalbibliographie; detaillierte bibliographische Daten sind im Internet über ⟨http://portal.dnb.de⟩ abrufbar.
ISBN 978-3-7873-0502-5
ISBN eBook: 978-3-7873-2659-4

INHALT

EINLEITUNG

Dietrich von Freiberg (Theodoricus Teutonicus de Vribergh, ca. 1250—1318/20) war Dominikaner. Daher ist seine Vita[1] auch vom Cursus honorum der Ordensangehörigen bestimmt: Um 1271 war er Lesemeister des Dominikanerkonvents zu Freiberg in Sachsen. Von 1272 bis 1274 studierte er Theologie an der Pariser Universität. 1280 lehrte er in Trier als Lektor. Zwischen 1281 und 1293 hielt er sich wahrscheinlich nochmals in Paris auf, um Vorlesungen über die Sentenzen des Petrus Lombardus zu halten. Von 1293 bis 1296 leitete er als Provinzial die deutsche Ordensprovinz (Teutonia) — bekannte Vorgänger in diesem Amt waren Albert der Große, Ulrich von Straßburg, Konrad von Esslingen und Hermann von Minden[2]; nach der 1303 erfolgten Teilung der Provinz in Teutonia und Saxonia bekleidete auch Meister Eckhart dieses Amt: Er war der erste Provinzial der sächsischen Ordensprovinz[3]. Im Anschluß an seine Promotion zum Magister der Theologie in Paris (im akademischen Jahr 1296/97) dürfte Dietrich dort eine Lehrtätigkeit als Magister actu regens ausgeübt haben. Dann ist er in den Urkunden nur noch erwähnt als Teilnehmer am Provinzialkapitel von Koblenz (1303; Wahl zum Definitor), am Generalkapitel von Toulouse (1304) und schließlich am Generalkapitel von Piacenza (1310; bis zur Wahl eines Nachfolgers für den absolvierten Provinzial Johannes von Lichtenberg wird Dietrich mit der kommissarischen Leitung der Teutonia beauftragt).

Diese Ordenszugehörigkeit, der Erwerb des Magistertitels in der Theologie und eine Vielzahl von Schriften theologischen Inhalts dürften Leander Albertus, einen Ordenschronisten des 16. Jahrhunderts, veranlaßt haben, Dietrich das Prädikat „Zierde der Theologie" (... nota THEODORICVM de Vriburg decorem Theologiae ...[4]) zuzuerkennen. Der Chronist versäumt es jedoch nicht, ihn zu-

gleich zu den „Berühmtheiten in der Philosophie und Logik" (VIRORVM ILLVSTRIVM IN PHILOSOPHIA
AC LOgica dialogus eiusdem Leandri[5]) zu zählen, und
führt unter dieser Rubrik neben einer Reihe anderer
Schriften Dietrichs[6] die Abhandlung „Über den Intellekt
und den Erkenntnisinhalt" (De intellectu et intelligibili[7])
an. Sie wird bereits im Kanon zu Stams[8], der frühesten
Abschrift des ältesten Autorenverzeichnisses des Dominikanerordens, dessen Redaktion kurz vor das Jahr 1330
fällt, erwähnt, ferner in dem zwischen 1410 und 1412
verfaßten Bibliothekskatalog des Amplonianus Ratinck[9],
der auf eine Handschrift hinweist, die uns noch heute –
neben drei weiteren diese Abhandlung enthaltenden Manu-
skripten aus dem 14. Jahrhundert – in Erfurt erhalten
ist[10], weiterhin in dem ebenfalls aus dem 15. Jahrhundert
stammenden sog. 'Catalogus Upsalensis'[11] oder im 18.
Jahrhundert bei J. Quétif und J. Echard[12], deren Schrift-
stellerverzeichnis auf Leander Albertus Bezug nimmt; E.
Krebs[13] hat zu Beginn des 20. Jahrhunderts die Bedeutung
dieser Abhandlung für Dietrichs Philosophie erkannt und
sie zum ersten Mal ediert.

In der um 1360 verfaßten 'Weltchronik'[14] des Domini-
kaners Heinrich von Hervord wird Dietrich zu den „doc-
tores clarissimi" des Dominikanerordens gezählt. Der Chronist, obwohl unchronologisch verfahrend, gewährt dennoch einen Einblick in die seinem Urteil gemäß auch nach
Albert dem Großen und Thomas von Aquin anhaltende
Blütezeit des Ordens im letzten Drittel des 13. Jahrhunderts; er nennt: Robertus Anglicus, Petrus de Tharantasia,
Ulricus Teutonicus, Gerhardus Mindensis, *Thydericus de
Vriberch*, Johannes Parisiensis, Wilhelmus Lugdunensis,
Jacobus de Voragine, Johannes Vriburgensis, Hermannus
de Minda und Johannes dictus Cristoforus. Wenn Dietrich
aber in den 'Sprüchen der zwölf Meister'[15] und bei Heinrich von Erfurt[16] u. a. neben Meister Eckhart genannt wird,
wenn Johannes Tauler[17] Meister Dietrich in eine Reihe mit
Bischof Albrecht (Albert dem Großen) und Meister Eckhart stellt und noch Gottfried Arnold in seiner 'Unpar-
teiischen Kirchen- und Ketzerhistorie'[18], die ebenso scharf-

sinnige wie überspitzte Urteile aufweist[19], in Kenntnis der
Taulertexte neben Meister Eckhart auch Meister Dietrich
preist, wenn Dietrich schließlich vom orthodoxen Thomis-
mus bereits zu Beginn des 14. Jahrhunderts kritisiert
wird[20], andererseits aber im Traktat 'Von der wirkenden
und möglichen Vernunft'[21] Eckharts von Gründig sogar
noch gegenüber Meister Eckhart als bedeutendere Autorität herausgestellt wird, eröffnet sich ein anderes Umfeld
Dietrichschen Denkens: die sog. deutsche Mystik, der Dietrich auch im Urteil der Philosophiehistoriker[22] nahestand
und auf die er − abgesehen von allen systematischen Diver-
genzen − einen nachhaltigen Einfluß ausgeübt hat[23].

Es darf jedoch nicht übersehen werden, daß, wenn Dietrich auch von den Chronisten besonders mit den Lehrern
des Dominikanerordens in Verbindung gebracht wird, ein
Zusammenhang, der für seine früheste schriftstellerische
Periode in der Tat Gültigkeit besitzt[24], er zugleich unent-
wegt gegen ihre Meinungen opponiert, gegen die Meinungen der communiter loquentes, die dem allgemeinen Menschenverstand folgen, sich dem Autoritätsdenken ergeben
haben und auf rechtfertigendes Denken verzichten[25]. Wenn
Dietrich ferner von den deutschen Mystikern als einer der
Ihren betrachtet wird, so darf nicht vergessen werden, daß
eben dieser Dietrich „κατ' ἐξοχήν Naturphilosoph"[26] ist; er
selbst nennt die Naturphilosophie neben der Mathematik
und Metaphysik als eigenständige Disziplin[27]. Wie diese
Naturphilosophie, die die Prinzipien der entstehbaren und
vergänglichen Dinge aufsucht, stellt auch die Theologie[28]
eine selbständige Disziplin dar, ferner die sich auf Erfah-
rungswissen gründende Naturwissenschaft[29], die Kosmologie[30] mit ihrem Gegenstandsbereich, den materielosen Substanzen, und die abstrahierende Wissenschaft der Logik[31].

Derartigen Einteilungsschemata trotzt die Intellekttheorie[32], wie besonders die vorliegende Abhandlung ausweist.
1. Die Intellekttheorie ist selbst keine Disziplin, da sie,
in einem weiteren Sinne genommen, alle Disziplinen umgreift, und zwar so, daß den einzelnen Disziplinen eigentümliche Theoreme in die Intellekttheorie Eingang finden,

die Transposition derartiger Theoreme sie vielmehr überhaupt erst entstehen läßt.

Dietrich ist fasziniert von der aristotelischen Naturphilosophie[33], die die Welt nicht als totes Gebilde, sondern als
dynamisches Ganzes betrachtet. Die Dinge sind nicht nur,
vielmehr sind sie allein deshalb, weil sie tätig sind, auf etwas hin sind. Ohne diese Handlung wären sie zwecklos. Es
würde der Naturabsicht jedoch nicht genügen, wenn etwas ohne Ziel, ohne Zweck wäre; die Natur träte zu sich
selbst in Widerspruch, tut sie doch nichts ohne Zweck[34].
Damit impliziert der teleologische Gedanke, daß alles auf
ein Ziel hingeordnet ist, den der Tätigkeit der Dinge.

Diese Einheit von Sein und Handlung, die das Wesen
von etwas ausmacht, begegnet innerhalb der neuplatoni-
schen Kosmologie in vorzüglicher Weise bei den durch ihr
Wesen immer in Wirklichkeit seienden Intellekten[35], und
zwar deshalb, weil ihr Handeln kein Erleiden, sondern ein
Wirken ist[36]. Mit Bezug auf Proklus, aber auch den anony-
men Verfasser des 'Buches über die Ursachen' bemerkt
Dietrich, daß alle Körper von der Substanz der Seele, alle
Seelen von der intellektuellen Natur oder Intelligenz, alle
intellektuellen Hypostasen schließlich von ihrem Prinzip,
dem voraussetzungslosen Einen, überragt werden[37]. Das
Wesensmerkmal der intellektuellen Natur ist es nun, daß
sie in ihrer Substanz überströmt und dadurch das Außerhalb ihrer begründet, wobei sie sich sich selbst zuwendet,
damit also im Vollzug des als Hinausdringen verstandenen
Wirkens sich selbst nicht verliert oder aufgibt[38]. Was aufgrund naturwissenschaftlicher Beobachtung und Erfahrung
sich bereits den Bereichen des Körperlichen und Lebenden
entnehmen läßt, daß in ihnen nämlich ein Ursprung wirkender Handlung anzutreffen ist[39], das gilt besonders für
die Intelligenzen, dann aber auch für das Eine, für Gott[40].

Derartige naturphilosophisch-naturwissenschaftlich-kos-
mologische Überlegungen bilden den Hintergrund der
Intellekttheorie Dietrichs, freilich nicht so, daß unser
Intellekt selbst eine kosmische Instanz darstellte; vielmehr
liegt nur eine Strukturgleichheit vor. In Anlehnung an
Aristoteles[41], der zwischen einem tätigen und einem mög-

lichen Intellekt unterscheidet, sagt Dietrich: *Nach dem Beispiel* der abgetrennten Substanzen oder Intelligenzen ist auch unser tätiger Intellekt dynamische Substanz, erleidet nichts, liegt keinem Akzidens zugrunde und ist alles rein als diese Substanz; der mögliche Intellekt hingegen ist erleidende Möglichkeit, ferner, sofern er in Wirklichkeit ist, der Erleidensakt selbst[42].

Dies sind vorläufige Bestimmungen in dem als Vorspann gedachten I. Teil der vorliegenden Abhandlung Dietrichs, die noch nach theoretischer Rechtfertigung verlangen. So viel jedoch dürfte offenkundig geworden sein: Im Rekurs auf verschiedenste Disziplinen läßt Dietrich die Intellekttheorie sich überhaupt erst entwickeln. Dies geht so weit, daß er auch die Engel in seine Betrachtung einbezieht[43], indem er darauf hinweist, daß die Philosophen sie nicht berücksichtigt hätten, und zwar wohl deshalb nicht, weil die Engel nicht in das kosmologische Emanationssystem einordenbar seien, hat Gott sie doch unmittelbar, wenngleich nicht ohne Vermittlung eines immer in Wirklichkeit seienden Intellekts ins Sein begründet. Gewisse Geheimnisse bleiben der Weltweisheit eben verborgen; Dietrich erwähnt sie, wenn auch nur beiläufig, um keinen Bereich, in dem vom Intellekt die Rede ist, unbeachtet zu lassen.

2. In einem engeren, strengeren Sinne meint Intellekttheorie Metaphysik als Erkenntnistheorie. Dadurch wird mit dem traditionellen Disziplinenschema insofern gebrochen, als die Dichotomie von Objekt (Metaphysik) und Subjekt (Erkenntnistheorie) hinterfragt, Objektivität aufgrund bei sich verbleibender intellekttheoretischer Analyse überhaupt erst als einsehbar, als solche überhaupt erst als möglich gedacht wird.

Dietrich bringt diese seine Intention zu Beginn des II. Teils der vorliegenden Abhandlung in dem programmatischen Gedanken zum Ausdruck, daß jeder Intellekt als Intellekt die Ähnlichkeit des ganzen Seienden oder des Seienden als Seienden sei, der tätige Intellekt, sofern er alles zu machen vermag, der mögliche Intellekt, sofern er alles zu werden vermag[44]. Mit Aristoteles nennt Dietrich als den Gegenstand der Metaphysik das Seiende als Seiendes,

läßt dieses jedoch unmittelbar auf den Intellekt als Intellekt bezogen sein, wobei dieses Bezogen-Sein und der Be-
zugspunkt, das Seiende als Seiendes, der Intellekt selbst
sind, der insofern die Ähnlichkeit des ganzen Seienden ist,
als er dessen Urbild (exemplar) ist[45]. Der Intellekt wäre
nicht Intellekt, wenn er nicht wesentlich Intellekt wäre;
wesentlich Intellekt sein aber bedeutet, nicht auf akzidentelle oder artifizielle, sondern auf substantielle, auf intel-
lektuell-einfache Weise das ganze Seiende zu sein[46].

Dietrich überrascht nun den modernen Leser, der aufgrund
des Hinweises auf die prinzipiell alles umgreifende Funktion des Intellekts als Intellekts eine immanent-geistphilo-
sophische Analyse erwarten würde, dadurch, daß er erneut
der Kosmologie des Proklus einen Grundsatz entlehnt[47],
daß nämlich das Höhere alles Niedere gemäß der Ursache,
das Niedere das Höhere gemäß der Teilhabe sei, gemäß
dem Wesen aber keines mit dem anderen identisch sei, vielmehr ein jedes in sich selbst gemäß univoker Bestimmtheit
des ihm eigentümlichen Wesens gründe, und mit Hilfe dieses Grundsatzes dann die prinzipiative Funktion zunächst
des tätigen Intellekts unter naturphilosophischer Perspek-
tive[48] betrachtet. Der tätige Intellekt ist begründender Ursprung der Substanz der Seele; er ist in seinem Wesen ein
mit sich selbst Identisches, wie auch die Seele, und ist noch
in diesem Mit-sich-selbst-identisch-Sein wesentlich Grund
für das Wesen der Seele[49], ist wesentlich identisch mit
dem Wesen der Seele[50], und zwar nicht als Material-, For-
mal- oder Finalgrund, sondern als Effizienzgrund[51], in
gewissen Hinsichten dem Herzen im Lebewesen[52] oder der
Naturform[53] vergleichbar. Schon diese naturphilosophisch
begründete Priorität des Intellekts gegenüber dem Wesen
der Seele widerspricht einer im Mittelalter üblichen Anschauung, daß der Intellekt eine Potenz der als principium
betrachteten Seele sei[54]. Doch obwohl der Intellekt Ursprung ist, läßt er sich dennoch als vereinzelt denken. Dietrich führt u. a. folgende Argumente an: Erkennen ist in
höchster Weise Leben; das Lebende unterscheidet sich aber
vom Nicht-Lebenden dadurch, daß es in sich den Ursprung

seiner Bewegung besitzt; wenn nun der tätige Intellekt, der
alles zu machen vermag, der Ursprung eines solchen Lebens ist, ist er demnach innerer und eigentümlicher Ursprung eines solchen Lebens[55]. Ferner: Ein Einzelwesen ist
deshalb Einzelwesen, weil es Teile nach dem Ganzen besitzt; da die Seele mit dem Intellekt aber ein wesentlich
Eines bildet, welches Teile nach dem Ganzen, die Seelen-
kräfte nämlich, besitzt, ist das aus Seele und Intellekt be-
stehende Eine selbst ein Einzelwesen, der Intellekt somit
gemäß der Vielheit der Menschen der Zahl nach unterschieden[56]. Schließlich findet sich der Intellekt gemäß
dem Lauf der Natur auf akzidentelle Weise im Sein; das
bedeutet: Er unterliegt keiner bestimmten Zahl, sondern
ist ins Unendliche vervielfachbar[57].

Dietrich ist sich jedoch bewußt, daß die naturphilosophi-
sche Konzeption des tätigen Intellekts ihn in seinem Wesen nicht ausschöpft, besser: das Wesen des Intellekts als
Wesen noch gar nicht hat zur Sprache kommen lassen; daher seine Frage, was für einer oder wer er durch sein Wesen sei[58]. Allein dieses Problembewußtsein, daß nach dem
Intellekt *als* Intellekt gefragt wird, eine Frage, die nach der
inneren Struktur von Intellektualität überhaupt fragt, ist
im Mittelalter eine Novität. Dietrich versagt sich auch in
der vorliegenden Abhandlung diese Frage nicht, obwohl er
selbst darauf hinweist, daß ihre Beantwortung in einem anderen Traktat, nämlich dem 'Über die beseligende Schau',
erfolgt ist[59], einem Traktat, der historisch von allen seinen
Schriften die relevantesten Reaktionen hervorgerufen
hat[60]. Ein trotz seiner Kürze gleichwohl treffendes Re-
sümee der auf den Intellekt bezogenen Theoreme dieser
Schrift Dietrichs bietet eine bisher Meister Eckhart zuge-
schriebene, dennoch eher als anonym zu betrachtende Predigt[61]. In ihr heißt es in Anlehnung an Genesis 1, 26 und
Augustin, wo vom Bild Gottes die Rede ist, das Dietrich
mit dem tätigen Intellekt identifiziert[62]: Fünf Dinge hat
das Bild an sich. Das erste: Es ist von einem anderen (Gott)
gemacht. Das zweite: Es ist an ihm selbst geordnet. Das
dritte: Es ist ausgeflossen. Das vierte: Es ist ihm (Gott)

von Natur aus gleich, nicht daß es göttlicher Natur sei, vielmehr: Es ist eine Substanz, die an ihr selbst besteht; es ist ein aus Gott geflossenes reines Licht; da gibt es nicht mehr an Unterschied denn den, daß es Gott versteht. Das fünfte: Es ist dem zugeneigt, von dem es gekommen ist. Das sei das wirkliche Verstehen (der tätige Intellekt also). Augustin und der *neue Meister* (wohl Dietrich) hätten in ihm die unterschiedslose Dreiheit von Gedenken, Verstehen und Wille angenommen, und dieses verborgene Bild (das abditum mentis Augustins, das Dietrich mit dem tätigen Intellekt des Aristoteles identisch setzt[63]) antworte dem göttlichen Wesen, das göttliche Wesen scheine ohne Mittel (unvermittelt) in das Bild und das Bild in das göttliche Wesen.

All diese Bestimmungen des tätigen Intellekts, des durch sein Wesen immer in Wirklichkeit seienden Intellekts, erörtert Dietrich detailliert und mit der ihm eigenen strengen Systematik im Traktat 'Über die beseligende Schau'[64]; der Grundgedanke: Der tätige Intellekt ist eine dynamische Substanz; er ist eine Substanz, indem er handelt; selbst sein Objekt ist nichts anderes als dieses Handeln, das er als Substanz selbst ist; Denken ist Prozessualität, so daß selbst noch das Objekt des Denkens diese Prozessualität ist[65].

In der vorliegenden Abhandlung greift Dietrich noch einmal besonders den Gedanken des An-ihm-selbst-geordnet-Seins des Intellekts auf, dies deshalb, weil es seiner Intention entgegenkommt, über den Intellekt und seinen Gegenstand zu handeln. Der tätige Intellekt ist weder ein Einzelwesen noch durch Artbestimmtheit definiert; er ist „Seiendes schlechthin, das in seiner Substanz nicht vermannigfaltigt ist und gemäß univoker Bestimmtheit nicht vermannigfaltigt werden kann. . .'[66] Er ist jedoch nicht einfach Seiendes schlechthin, sondern wird es im Hervorgang aus seinem Ursprung, Gott. Dieses sein Hervorgehen, sein Erkennen, vollzieht sich in der Weise, daß er in völliger Angeglichenheit an denjenigen Intellekt hervorgeht, aus dem er hervorgeht[67], sein Ursprung somit sein vorrangiges und erstes Objekt ist[68]; in der Erkenntnis seines Ursprungs

gewinnt der Intellekt überhaupt erst sein Wesen. Sein zwei-
tes Objekt ist dann auch sein ihm eigentümliches Wesen,
das dritte die Gesamtheit der Seienden[69]. Diese moment-
haft zu fassenden drei Objekte, gemäß denen der Intellekt
an ihm selbst geordnet ist, sind jedoch ein einziger Erkenntnisakt[70], sind der Intellekt selbst. Der tätige Intellekt
ist demnach als dynamische Einheit gedacht: Indem er
seinen Ursprung erkennt, erkennt er sein Wesen; indem er
sein Wesen erkennt, erkennt er die Gesamtheit der Seienden, erkennt sich selbst somit in seinem Ursprung als der
Gesamtheit der Seienden. Der Intellekt bleibt also nicht
auf sein Wesen gewiesen, sondern vermag alles, was er erkennt, auch „. . . in seinem Ursprung gemäß der Weise
eben dieses Ursprungs"[71] zu erkennen. Noch indem der
Intellekt als vom Ursprung her begründet gedacht wird, ist
er bereits in den Ursprung zurückgekehrt, erkennt auf die
Weise des Ursprungs; anders formuliert: Der tätige Intellekt erkennt in Gott auf die Weise Gottes.
     Es ist verblüffend, mit welcher Deutlichkeit Dietrich die
absolute Intellektualität des Intellekts ausspricht: Intellektualität ist der Intellekt durch sein Wesen, absolute Intellektualität, indem er auf die Weise seines Ursprungs erkennt. Absoluter Intellektualität bleibt nichts verborgen,
der Intellekt dringt durch bis zum eigenen Ursprung, um
sich noch in seinem Entspringen als in seinem Ursprung auf
die Weise des Ursprungs erkennend zu erkennen. Dies sind
bereits Gedanken des mittelalterlichen Denkers Dietrich
von Freiberg, dem modernen Leser freilich erst vertraut
durch Fichtes Religionslehre: „Das reale Leben des Wissens
ist daher, in seiner Wurzel, das innere Seyn und Wesen des
Absoluten selber, und nichts anderes; und es ist zwischen
dem Absoluten oder Gott, und dem Wissen in seiner tief-
sten Lebenswurzel, gar keine Trennung, sondern beide
gehen völlig ineinander auf"[72].

     Im III. Teil der vorliegenden Abhandlung wendet sich Diet-
rich dem möglichen Intellekt zu und untersucht zunächst,
wie sein Wesen, wie das, was er an ihm selbst ist, verfehlt
wird, wenn er als in Möglichkeit existierendes geistiges Or-

gan verstanden wird[73]. Weder ist er ein Seiendes in Wirklichkeit noch als solches auf eine akzidentelle oder substantielle Form hingeordnet[74] noch auch Möglichkeit, in der bereits etwas angelegt ist: Er ist reine rezeptive Fähigkeit, nicht schon in irgendeiner Weise bestimmt[75].

Auch dieser Beginn der Betrachtung des möglichen Intellekts ist unvermittelt und überraschend: Dietrich hebt an mit einer Kritik. Er kann jedoch beim Leser die Kenntnis der Schriften 'Über die beseligende Schau' und 'Das Problem, ob es in Gott eine Erkenntniskraft gibt, die niedriger als der Intellekt ist' voraussetzen, in denen über den möglichen Intellekt in einer weniger abrupt einsetzenden Form gehandelt worden ist[76].

Besondere Beachtung verdient jedoch Dietrichs Hinweis, daß beim möglichen Intellekt eine Trennung bezüglich seines Natur-Seins und seines Seins dem Erfassen nach vorzunehmen sei: Gemäß seinem Natur-Sein (secundum esse naturae) sei er Akzidens an der zugrunde liegenden Substanz der Seele, als dem Erfassen nach Seiendes als solches (ens conceptionale inquantum huiusmodi) aber besitze er sowohl die Weise einer Substanz als auch eines Akzidens im Sinne einer qualifizierten Substanz[77], dies alles, wenn er seine Unbestimmtheit verlassen hat, wenn er aus seiner reinen Fähigkeit herausgetreten ist und entweder gemäß dem Natur-Sein oder als Bewußt-Sein erkennt.

Zunächst gilt: Das dem Erfassen nach Seiende ist kein Naturding, kein reales Seiendes in der Natur; Dietrich unterscheidet in Anlehnung an Averroes das ens reale secundum naturam vom ens conceptionale seu cognitivum, wobei zwischen der Ordnung der realen Seienden und der Ordnung der dem Erfassen nach Seienden eine Verhältnisgleichheit besteht[78]. Zur Ordnung der entia conceptionalia gehören der tätige Intellekt, der mögliche Intellekt, die vorstellende Denkkraft und der Sinn (auch der Gemeinsinn und die Einbildungskraft)[79]. Der mögliche Intellekt ist als derartiges ens conceptionale eine Erkenntniskraft an der zugrunde liegenden Substanz der Seele, zwar kein Naturding, aber naturhaftes Akzidens dieser Seele[80]; er selbst erkennt nicht, vielmehr erfaßt der Mensch *durch* ihn

die Erkenntnisinhalte[81], wobei in der Naturordnung der
als Formen am Menschen gedachten Erkenntniskräfte der
mögliche Intellekt die vorstellende Denkkraft für das Erkennen voraussetzt, ihrer also für das Erkennen notwendig
bedarf[82]: Aus der bestimmten und zugleich bestimmenden
Vorstellungsform und der unbestimmten, aber bestimmba-
ren Erkenntnisform wird als auslösendes Moment des Erkenntnisaktes ein wesentlich Eines, gleichsam ein aus Stoff
und Form Zusammengesetztes[83].

Über das naturhaft gedachte dem Erfassen nach Seiende hinaus weist das dem Erfassen nach Seiende *als solches,*
das am treffendsten Bewußt-Sein genannt zu werden verdient: Sein, insofern es nicht nichts ist, Bewußt-Sein, insofern dieses Sein nichts anderes ist als die Tätigkeit des
Erkennens. Dietrich bemerkt in seiner Abhandlung 'Über
die beseligende Schau': „. . . ens conceptionale inquantum
huiusmodi est omne id, quod intellectualiter est, non
solum quoad rem conceptam in eo, quod concepta seu
intellecta, sed quoad ipsam intellectionem seu conceptio-
nem, quae ex hoc ipso est ens conceptionale" (Dem Erfassen nach Seiendes als solches ist all das, was auf intellektuelle Weise ist, nicht etwa nur hinsichtlich des erfaßten
Dinges, insofern es erfaßt oder erkannt ist, sondern vielmehr hinsichtlich des Erkenntnis- oder Erfassensaktes
selbst, der gerade deshalb dem Erfassen nach Seiendes ist)[84].
Der mögliche Intellekt ist aufgrund dessen Bewußt-Sein
und damit Substanz, nicht Akzidens, weil er abgetrennt ist,
insofern er auf intellektuelle Weise ist und daher ein Ding
schlechthin, nicht aber dies oder das vereinzelte Ding erkennt. Ferner ist er Bewußt-Sein und Substanz aufgrund
seiner Handlung. Er konstituiert[85] ein Ding dadurch, daß
er ihm seine Prinzipien bestimmt, Prinzipien, aus denen das
Naturding nicht nur auf natürliche Weise, sondern auch auf
die Weise des Erfassens besteht; er konstituiert satzhaft die
Washeit eines Dinges, insofern er etwas an ihm selbst und
losgelöst erkennt. Erkennt er etwas mit einer Eigentümlichkeit verknüpft, ist der Intellekt Akzidens im Sinne einer
qualifizierten Substanz. Bewußt-Sein ist er schließlich deshalb, weil er der Zahl nach nicht vereinzelt ist, eine Verein-

zelung, die bei ihm nur dem Natur-Sein nach anzutreffen
ist; er ist allgemeines Erfassen (universalis conceptio), das
um sein Nicht-vereinzelt-Sein weiß, da es sich selbst diesen Modus auferlegt[86]. Spätestens hier wird deutlich, daß
Dietrich den erkennenden möglichen Intellekt als Selbstbewußtsein denkt, als allgemeines Selbstbewußtsein.

Dietrich geht nun näher auf den Erkenntnisinhalt ein,
auf das Objekt des Intellekts; er nennt als Objekte die Washeit, das diese Washeit besitzende Was selbst und alles, was
satzhaften Charakter hat[87], und verweist darauf, daß die
allgemeine Bestimmung (ratio) der eine Gedankeninhalt
ist, der in Gott auf einfache und unbestimmte Weise, im Intellekt aber bestimmt ist[88]. Der mögliche Intellekt wird
diese bestimmte Bestimmung, indem er aus seinem unmittelbaren Grund, dem tätigen Intellekt, hervorgeht, und dieses Hervorgehen ist nichts anderes als das Erkennen des
möglichen Intellekts[89]. Die Vielheit der Bestimmungen ist
in Gott und im tätigen Intellekt auf unbestimmte Weise;
der mögliche Intellekt wird im Vollzug des Erkennens jeweils eine bestimmte Bestimmung, wird als diese bestimmte Bestimmung der tätige Intellekt in seiner Andersheit.
Noch indem er seinen Grund erkennt, erkennt er sich
selbst und erkennt sich als von sich verschieden, seinen Gegenstand, der er selbst ist, die allgemeine Bestimmung. Mag
der besondere Bestimmungsgrund, die vorstellende Denkkraft, dem Intellekt auch eine dienenden Funktion erwei-
sen[90], mag sein Erfassen auch ein notwendiges sein, allein
der Intellekt erkennt etwas, sofern es *als* an sich bekannt
und notwendig ist[91]: Er weiß um die Notwendigkeit des
Erkannten.

Wenn Dietrich als spezifische Erkenntnisgegenstände die
definierende, die den Schlußsatz ermöglichende und die urbildliche Bestimmung nennt[92], so will er zum Ausdruck
bringen, daß der Intellekt Prinzip wissenschaftlicher Erkenntnis sei. Er kennt Aristoteles' Theorie des demon-
strativen Wissens[93] und bedient sich ihrer, um 12 Bedingungen herauszustellen, die der Erkenntnisinhalt, soll er
Gegenstand wissenschaftlicher Erkenntnis sein, erfüllen
muß[94]: 1. Was gewußt wird, ist. Der Wissensinhalt unter-

scheidet sich dadurch vom Nichts, daß er ist, daß er die Bestimmtheit des Seins besitzt. Als Nichts wäre er nicht Bestimmung. 2. Gegenstand des Intellekts ist das Wahre. Wahr bedeutet, daß das Ding dem Intellekt angeglichen ist. Würde der Intellekt nichts erkennen, würde sich der Widerspruch einstellen, daß er erkennender Intellekt wäre und keine Erkenntnis besäße. 3. Der Gegenstand des Intellekts ist Erstes oder beruht auf Erstem. Alles, was Nicht-Erstes ist, läßt sich auf dieses Erste zurückführen, das durch sich selbst Beweiskraft besitzt. 4. Als Erstes ist der Gegenstand auch unmittelbar, d. h. als Satz ist ihm gegenüber kein Satz früher. 5. Eine solche satzhafte Bestimmung ist überdies bekannter als das erkannte Ding selbst, ist Ursprung seines Seins wie Erkennens. 6. Darin ist zugleich das Grund-Sein der Bestimmung eingeschlossen; denn ein Ding wird in eigentümlicher Weise in seinen Gründen erforscht. 7. Der Erkenntnisinhalt verlangt als solcher dann ein Sich-nicht-anders-verhalten-Können. 8. Das bedeutet zugleich, daß er notwendig ist. Beide Bestimmungen sind der Sache nach identisch, unterscheiden sich aber gedanklich: Die erste Bestimmung, das Sich-nicht-anders-verhalten-Können, hält vom erkannten Ding Veränderlichkeit fern, die zweite, das Notwendige, meint Beständigkeit. 9. Ferner eignet dem Erkenntnisinhalt das Merkmal der Ewigkeit. 10. All diese Bedingungen lassen Indifferenz gegenüber den Gegenständen und ihrer zeitlichen Gebundenheit erkennen: Wissen heißt eben, alles zu umgreifen, und zwar ohne zeitliche Begrenztheit. 11. Die weitere Bestimmung, das An-sich-Sein des Erkenntnisinhalts, weist zurück auf sein Sich-nicht-anders-verhalten-Können. 12. Das, was schlechthin und in vollkommener Weise erkannt wird, ist schließlich von der Art, daß es sich allgemein verhält, d. h. vertauschbar. Dieses Allgemeine ist weder Gattung noch Art, gehört also nicht den logischen Prädikabilien an. Es ist der Erkenntnisinhalt, der mit dem verwirklichten möglichen Intellekt identisch ist[95].

Damit sind die wissenstheoretischen Bedingungen, denen der Erkenntnisinhalt unterliegen muß, genannt. Die Leistung Dietrichs besteht jedoch darin, diese Bedingungen

nicht einfach konstatiert zu haben, sondern sie noch in
ihrem Entstehen nachgewiesen zu haben. Obwohl er gerade
in der vorliegenden Abhandlung über weite Strecken den
Intellekt in seinem natürlichen Sein betrachtet, dies als Ergänzung besonders zu seinen Ausführungen im Traktat
'Über die beseligende Schau', unterläßt er es jedoch nicht,
sich seines Gedankens der dynamisch gegliederten Einheit
‚Intellekt‘, sofern dieser Bewußt-Sein als solches ist, dann
zu erinnern, wenn es erforderlich ist. Die absolute Intellektualität des tätigen Intellekts – der in höchster Weise erkennt, wenn er in seinem Ursprung gemäß der Weise eben
dieses Ursprungs erkennt – ist der Grund für das Erkennen
des möglichen Intellekts, so daß der mögliche Intellekt,
wenn er erkennt, zuerst seinen Ursprung erkennt; er ist
das Erkennen seines Ursprungs, freilich als dessen Andersheit, erkennt somit sich selbst in der Erkenntnis seines Ursprungs als von diesem Ursprung verschieden, erkennt sein
Wesen als bestimmte allgemeine Bestimmung. Dietrich er-
gänzt: Indem der Intellekt sein Wesen erkennt, erkennt er
drittens die Dinge draußen, für die er Urbild ist[96].

In diesem paradoxalen Gedanken, daß der Intellekt einge-
stehen muß, ein Außerhalb zu besitzen, für das er aber
zugleich Urbild ist, kommt noch einmal eine bedenkens-
werte Einsicht Dietrichs zum Ausdruck: Intellektualität
vereinnahmt nicht das ihr Fremde, genießt jedoch den Vorzug zu wissen, was ihr fremd ist.

Der *Übersetzung* liegt folgende Ausgabe zugrunde:
Dietrich von Freiberg, De intellectu et intelligibili, in:
Opera omnia, Tom. I: Schriften zur Intellekttheorie (De
visione beatifica. De intellectu et intelligibili). Mit einer
Einleitung von K. Flasch hrsg. von B. Mojsisch, Hamburg:
Felix Meiner Verlag, 1977, S. 125–210. Die Seiten- und
Zeilenangaben dieser Ausgabe sind in Kursivangabe im
Kolumnentitel vermerkt, so daß ein Auffinden des Origi-
naltextes erleichtert wird.

Prinzipiell wurden bei der Übersetzung Wörtlichkeit und
Konstanz in der Terminologie angestrebt; der Urtext selbst

verhinderte jedoch einen rigorosen Purismus. Wie jede
Übersetzung, so dürfte auch diese ihre Fruchtbarkeit darin
besitzen, über sich hinaus auf das Original zurückzuweisen.

Anmerkungen

1. Vgl. E. Krebs, Meister Dietrich. Sein Leben, seine Werke, seine
   Wissenschaft, in: Beiträge zur Geschichte der Philosophie des
   Mittelalters V 5—6 (1906) 1—26. A. Hauck, Kirchengeschichte
   Deutschlands, V/1, Leipzig 1911, S. 262 f. W. A. Wallace, The
   scientific methodology of Theodoric of Freiberg, (Studia Fri-
   burgensia N.S. 26) Fribourg 1959, S. 10—20. L. Sturlese, Diet-
   rich von Freiberg, in: Die deutsche Literatur des Mittelalters.
   Verfasserlexikon (im Druck). Ders., Zur Biographie und zur
   Überlieferung der Werke Dietrichs von Freiberg, (Beihefte zu
   D. v. F., Opera omnia, 3 — im Druck).
      Ich danke Herrn Dr. Sturlese herzlich für sein Entgegenkom-
   men, mir die Druckfahnen seines Artikels und des Beiheftes zur
   Verfügung gestellt zu haben.
2. Vgl. A. Jundt, Histoire du panthéisme populaire au moyen âge
   et au seizième siècle, Paris 1875 (Nachdruck Frankfurt a. M.
   1964), S. 286 f.
3. Vgl. J. Koch, Kritische Studien zum Leben Meister Eckharts,
   in: Kleine Schriften I, (Storia e letteratura. Raccolta di studi e
   testi 127) Roma 1973, S. 261 f., bes. Anm. 51.
4. Leander Albertus, De viris illustribus Ordinis Praedicatorum,
   Bononiae 1517, S. 37 v.
5. Leander Albertus, De viris illustribus, S. 153 r.
6. Vgl. zum Schriftenverzeichnis Dietrichs: Dietrich von Freiberg,
   Opera omnia I: Schriften zur Intellekttheorie (De visione beatifica. De intellectu et intelligibili). Mit einer Einleitung von
   K. Flasch hrsg. von B. Mojsisch, Hamburg 1977, S. XXVII—
   XXXVIII.
7. Leander Albertus, De viris illustribus, S. 153 v. Unter den von
   Leander aufgeführten Schriften Dietrichs findet sich ein sonst
   unbekannter Traktat, nämlich De principio materiali. E. Krebs,
   Meister Dietrich, S. 4*, glaubt jedoch, ihn nicht zu den Werken
   Dietrichs zählen zu dürfen.
8. Vgl. H. Denifle, Quellen zur Gelehrtengeschichte des Prediger-
   ordens im 13. und 14. Jahrhundert, in: Archiv für Literatur- und
   Kirchengeschichte des Mittelalters 2 (1886) 240. G. Meersseman
   O. P., Laurentii Pignon Catalogi et Chronica, accedunt Catalogi

Stamsensis et Upsalensis Scriptorum O. P., (Monumenta ordinis
fratrum praedicatorum historica XVIII) Romae 1936, S. 61.
9. Vgl. Mittelalterliche Bibliothekskataloge. Deutschland und die
   Schweiz, hrsg. von der Preussischen Akademie der Wissenschaften in Berlin u. a., Bd. II: Bistum Mainz. Erfurt, bearb. von
   P. Lehmann, München 1928 (Nachdruck 1969), S. 39 u. 67.
10. Vgl. Dietrich von Freiberg, Opera omnia I, S. XXVII, XXXII,
    127.
11. Vgl. G. Meersseman O. P., Laurentii Pignon Catalogi et Chronica,
    accedunt Catalogi Stamsensis et Upsalensis Scriptorum O. P.,
    S. 73.
12. Vgl. J. Quétif, J. Echard, Scriptores Ordinis Praedicatorum,
    Tom. I, Parisiis 1719, S. 510 b.
13. Vgl. E. Krebs, Meister Dietrich, S. 119*−206*. Eine größere
    Studie zu dieser Abhandlung verfaßte: C. Gauthier, Un psycho-
    logue de la fin du XIIIe siècle. Thierry de Fribourg, in: Revue
    augustinienne 15 (1909) 657−673; 16 (1910) 178−206, 541−
    566. Vgl. zum Stand der Dietrich-Forschung im 19. und 20. Jahr-
    hundert: H. Steffan, Dietrich von Freibergs Traktat 'De cogni-
    tione entium separatorum'. Studie und Text, Diss. (masch.)
    Bochum 1977, S. 6−8.
14. Vgl. A. Potthast, Liber de rebus memorabilioribus sive Chro-
    nicon Henrici de Hervordia, Gottingae 1859, S. 204.
15. Vgl. A. Spamer, Texte aus der deutschen Mystik des 14. und
    15. Jahrhunderts, Jena 1912, S. 175.
16. Vgl. Heinrich von Erfurt, Predigten, Frankfurt a. M., Stadt- und
    Universitätsbibliothek, Ms. germ. qu. 3, fol. 209 r.
17. Vgl. Johannes Tauler, Predigten, hrsg. von F. Vetter, (Deutsche
    Texte des Mittelalters XI) Berlin 1910, S. 347.
18. Vgl. G. Arnold, Unparteiische Kirchen- und Ketzerhistorie,
    Frankfurt a. M. 1729 (Nachdruck Hildesheim 1967), S. 420 a:
    „M. Eckardus, M. Dietrich, deren in den schrifften Tauleri viel
    gedacht wird, als denen er ziemlich gleich kommen ist."
19. Wenn G. Arnold, Unparteiische Kirchen- und Ketzerhistorie,
    S. 421 b, des Johannes Duns Scotus, der wegen seiner „spitzigen,
    stachlichten vernunfft" Doctor subtilis genannt worden sei, als
    des „vornehmsten grillenfängers" gedenkt, dürfte sein Urteil als
    ungerechtfertigte, wenngleich als Überdruß bekundende Kritik
    an der Disputiersucht der Scholastici verständliche Invektive zu
    betrachten sein. Von der Unverblümtheit solcher Urteile her ge-
    winnt jedoch die positive Einschätzung, die G. Arnold sogar
    über Tauler hinaus nicht nur Eckhart, sondern auch Dietrich zu-
    teil werden läßt, noch stärkeres Gewicht.
20. Vgl. M. Grabmann, Mittelalterliche Deutung und Umbildung der
    aristotelischen Lehre vom ΝΟΥΣ ΠΟΙΗΤΙΚΟΣ nach einer Zu-
    sammenstellung im Cod. B III 22 der Universitätsbibliothek Ba-

sel, (Sitzungsberichte der Bayerischen Akademie der Wissenschaften, Philosophisch-historische Abteilung 4) München 1936, S. 94—101.

21. Vgl. W. Preger, Der altdeutsche Tractat von der wirkenden und möglichen Vernunft, (Sitzungsberichte der philosophisch-philologischen und historischen Classe der k. b. Akademie der Wissenschaften I) München 1871, S. 157—189. Ders., Geschichte der deutschen Mystik im Mittelalter, Teil 1, Aalen 1962 (Neudruck der Ausg. 1874—1893 in 3 Teilen), S. 304, Anm. 1.

22. Vgl. W. Preger, Geschichte der deutschen Mystik, S. 292: „So bildet Theodorich den Uebergang von jenen oben bezeichneten Mystikern zu Eckhart, von der Stufe der Unterordnung der Mystik zu der ihrer Selbstständigkeit und Freiheit." J. Koch, Kritische Studien zum Leben Meister Eckharts, S. 258.

23. Vgl. E. Krebs, Meister Dietrich, S. 126—148. Vgl. zum Verhältnis ‚Dietrich — Eckhart': J. Kopper, Die Metaphysik Meister Eckharts, Saarbrücken 1955, S. 96—100. K. Flasch, Die Intention Meister Eckharts, in: Sprache und Begriff. Festschrift für B. Liebrucks, Meisenheim am Glan 1974, S. 311—318. Ders., Einleitung zu: Dietrich von Freiberg, Opera omnia I, S. XIX—XXVI.

24. Vgl. etwa: Utrum sub. spir.; Opera omnia III (im Druck). P. Mazzarella, Metafisica e gnoseologia nel pensiero di Teodorico di Vriberg, Napoli 1967, S. 249—271. Das Naturprinzip ‚Materie' wird auf den Bereich der entstehbaren und vergänglichen Körperdinge restringiert; darin stimmt Dietrich mit Thomas von Aquin überein.

25. Vgl. R. D. Tétreau, The agent intellect in Meister Dietrich of Freiberg, Diss. (masch.) Toronto 1966, S. 4—9. B. Mojsisch, Die Theorie des Intellekts bei Dietrich von Freiberg, (Beihefte zu Dietrich von Freiberg, Opera omnia, 1) Hamburg 1977, S. 14 f.

26. H. Denifle, Meister Eckeharts lateinische Schriften, und die Grundanschauung seiner Lehre, in: Archiv für Literatur- und Kirchengeschichte des Mittelalters 2 (1886) 421, Anm. 1.

27. Vgl. De orig. V 4; Stegmüller 198—200.

28. Vgl. De subiecto theologiae, in: Bertoldo di Moosburg, Expositio super Elementationem theologicam Procli, 184—211: De animabus, a cura di L. Sturlese, presentazione di E. Massa, (Temi e testi 18) Roma 1974, S. LXXXIX—XCII.

29. Vgl. W. A. Wallace, The scientific methodology. Ders., Causality and scientific explanation, Vol. I: Medieval and early classical science, Ann Arbor (The University of Michigan) 1972, S. 94—103.

30. Vgl. E. Krebs, Meister Dietrich, S. 64—94.

31. Vgl. III 27, 3 (Zitate ohne nähere Angabe der Edition beziehen sich auf die vorliegende Abhandlung ‚Über den Intellekt und

den Erkenntnisinhalt'. Die erste Zahl verweist auf einen der drei Teile des Traktats, die zweite auf das jeweilige Kapitel, die dritte auf den Paragraphen des entsprechenden Kapitels).

32. Über den Intellekt handelt Dietrich vornehmlich in den Schriften: Quaest. utrum in Deo, De vis. beat., De orig., De int., De hab., De dot., De sub. spir., De nat. contin., De cog. ent.
33. Vgl. I 1, 1.
34. Vgl. Aristoteles, De cael. II 11, 291b13−14; ibid. I 4, 271a33. De an. III 9, 432b21−22. De animal. incessu II, 704b15; ibid. VIII, 708a10. De part. animal. II 13, 658a9. Averroes, In Aristotelis Metaph. II, t. comm. 1; Venetiis 1562, 28 vK.
35. Vgl. I 1, 1.
36. Vgl. I 3, 1−2.
37. Vgl. I 4, 2. In I 11, 1, nennt Dietrich neben Proklus und dem ‚Buch über die Ursachen' Aristoteles, Platon, besonders aber Avicenna, schließlich Algazel.
38. Vgl. I 8.
39. Vgl. I 5−6.
40. Vgl. I 9.
41. Vgl. Aristoteles, De an. III 5, 430a10−25.
42. Vgl. I 7, 2.
43. Vgl. I 12, 1.
44. Vgl. II 1, 1 (Opera omnia I, 146: „. . . omnis intellectus inquantum intellectus est similitudo totius entis sive entis inquantum ens, et hoc per suam essentiam"); vgl. auch: Quaest. utrum in Deo 7, M. R. Pagnoni Sturlese, La „Quaestio utrum in Deo sit aliqua vis cognitiva inferior intellectu" di Teodorico di Freiberg, in: Xenia medii aevi historiam illustrantia oblata Th. Kaeppeli O. P., Roma 1978, p. 146, lin. 19−30. De vis. beat. 1.1.4., 1; Opera omnia I, 28. Dieser programmatische Gedanke Dietrichs hat eine nachweisbare Wirkungsgeschichte. Vgl. etwa: Meister Eckhart, In Gen. I n. 115; LW I 272, 3−5: „Intellectus enim, in quantum intellectus, est similitudo totius entis, in se continens universitatem entium, non hoc aut illud cum praecisione." Bertoldo di Moosburg, Expositio 194, p. 152, lin. 74−78: „Intellectus enim per essentiam, qui est ymago prime boni secundum quem anima est ad ymaginem ipsius, est exemplar et similitudo totius entis in quantum ens, cum sit quedam generalis natura secundum proprietatem sue intellectualitatis qua non determinatur ad hoc vel ad illud intelligendum." Auch der mens-Begriff des Nikolaus von Kues hat in dieser Tradition seinen Ursprung; vgl. De coniecturis I 4: „Mens ipsa omnia se ambire omniaque lustrare comprehendereque supponens, se in omnibus atque omnia in ipsa esse taliter concludit, ut extra ipsam ac, quod eius obtutum aufugiat, nihil esse posse affirmet."

45. Vgl. De vis. beat. 1.1.4., 1; Opera omnia I, 28.
46. Vgl. De vis. beat. 1.1.4., 2; Opera omnia I, 28 f. Vgl. zum Ganzen: B. Mojsisch, Die Theorie des Intellekts, S. 46 f.
47. Vgl. II 1, 2.
48. Vgl. dazu etwa Albert den Großen, der seine Abhandlung De intellectu et intelligibili zu den Parva naturalia, den kleinen naturphilosophischen Schriften, zählt (Albertus Magnus, Opera omnia 9; ed. A. Borgnet, Paris 1890, S. 477), dies in Anlehnung an die Parva naturalia des Aristoteles.
49. Vgl. II 2, 1–3.
50. Vgl. II 7, 3.
51. Vgl. II 8.
52. Vgl. II 9–10.
53. Vgl. II 11.
54. Vgl. Thomas Aquinas, S. theol. I 77, 6 ad 2.
55. Vgl. II 13, 2.
56. Vgl. II 18, 2.
57. Vgl. II 21, 2. II 31, 3.
58. Vgl. II 31, 6.
59. Vgl. II 31, 6.
60. Vgl. M. Grabmann, Mittelalterliche Deutung, S. 94–101. L. Sturlese, Gottebenbildlichkeit und Beseelung des Himmels in den Quodlibeta Heinrichs von Lübeck OP, in: Freiburger Zeitschrift für Philosophie und Theologie 24 (1977) 196–198. Bertoldo di Moosburg, Expositio, p. 353. W. Preger, Der altdeutsche Tractat, S. 157–189.
61. Vgl. Meister Eckhart, Predigten, Traktate, hrsg. von F. Pfeiffer, (Deutsche Mystiker des vierzehnten Jahrhunderts II) Leipzig 1857 (Neudruck Aalen 1962), S. 251 (Predigt 77) u. S. 622 f. (Sprüche 65).
62. Vgl. II 31, 7.
63. Vgl. De vis. beat., prooem. 5 f.; Opera omnia I, 14.
64. Vgl. De vis. beat. 1.1.1.–1.5.; Opera omnia I, 15–63. K. Flasch, Zum Ursprung der neuzeitlichen Philosophie im späten Mittelalter. Neue Texte und Perspektiven, in: Philosophisches Jahrbuch 85 (1978) 1–18. B. Mojsisch, Die Theorie des Intellekts, S. 58–71.
65. Vgl. De vis. beat. 1.1.3., 4; Opera omnia I, 26: „Omnia enim haec sunt idem, videlicet substantia intellectus et intellectualis operatio eius et ipsum obiectum intellectualis operationis intraneum." B. Mojsisch, Die Theorie des Intellekts, S. 64 f.
66. II 33, 5. II 34, 2.
67. Vgl. II 34, 3. II 35, 3.
68. Vgl. II 37, 2.
69. Vgl. II 37, 3–4.
70. Vgl. II 38, 1. II 37, 3.

71. II 40, 3.
72. J. G. Fichte, Die Anweisung zum seligen Leben, oder auch die
    Religionslehre, III. Vorlesung, in: Fichtes Werke, hrsg. von I. H.
    Fichte, Bd. V: Zur Religionsphilosophie, Berlin 1845/46 (Nach-
    druck 1971), S. 443.
73. Vgl. III 1, 1—2. Vgl. zu dieser Ansicht etwa: Alexander Aphro-
    disiensis, De intellectu et intellecto, ed. G. Théry, Autour du
    décret 1210: II. — Alexandre d'Aphrodise, aperçu sur l'influence
    de sa noétique, in: Bibliothèque Thomiste 7 (1926) 81. Vgl.
    zum Referat und zur Kritik an der Opinio Alexandri: M. Grab-
    mann, Mittelalterliche Deutung, S. 11 u. 86 f.
74. Vgl. III 2—6.
75. Vgl. III 7. De vis. beat. 3.2.5., 4; Opera omnia I, 77.
76. Vgl. B. Mojsisch, Die Theorie des Intellekts, S. 72—77.
77. Vgl. zu dem und zum Folgenden: III 8.
78. Vgl. De vis. beat. 3.2.9.6., 1—2; Opera omnia I, 96. De sub.
    spir. 4; Opera omnia II (im Druck).
79. Vgl. De vis. beat. 3.2.9.7., 1—7; Opera omnia I, 97—99.
80. Vgl. II 3, 2.
81. Vgl. De vis. beat. 3.2.9.8., 2; Opera omnia I, 99.
82. Vgl. Quaest. utrum in Deo 15; Pagnoni Sturlese 154, lin. 1—35.
83. Vgl. Quaest. utrum in Deo 15; Pagnoni Sturlese 155, lin. 36—51.
    II 3, 2.
84. De vis. beat. 4.3.4., 5; Opera omnia I, 123.
85. Vgl. zum Gedanken der Konstitutionsleistung des Intellekts:
    K. Flasch, Kennt die mittelalterliche Philosophie die konsti-
    tutive Funktion des menschlichen Denkens? Eine Untersuchung
    zu Dietrich von Freiberg, in: Kant-Studien 63 (1972) 182—206.
    B. Mojsisch, Die Theorie des Intellekts, S. 77—83.
86. Vgl. III 8, 6—9, 2.
87. Vgl. III 16, 1—9. III 17.
88. Vgl. III 20, 3.
89. Vgl. III 23, 2. III 35—36.
90. Vgl. III 28, 1.
91. Vgl. III 33, 2.
92. Vgl. III 29, 2.
93. Vgl. III 32, 1—4.
94. Vgl. III 34, 1—14.
95. Vgl. III 13, 3.
96. Vgl. III 37, 1—5.

ABKÜRZUNGSVERZEICHNIS

1. *Abkürzungsverzeichnis der Werke Dietrichs von Freiberg*

De acc.	De accidentibus
De anim.	De animatione caeli
De causis	De causis
De cog. ent.	De cognitione entium separatorum et maxime animarum separatarum
De col.	De coloribus
De corp. Chr. in sacr.	De corpore Christi in sacramento
De corp. Chr. mort.	De corpore Christi mortuo
De corp. cael.	De corporibus caelestibus quoad naturam eorum corporalem
De defens.	De defensione privilegiorum ordinis
De dot.	De dotibus corporum gloriosorum
De effic.	De efficientia Dei
De elem.	De elementis corporum naturalium
De ente	De ente et essentia
De hab.	De habitibus
De incarn.	De incarnalitate angelorum
De int.	De intellectu et intelligibili
De intellig.	De intelligentiis et motoribus caelorum
De ir.	De iride
De luce	De luce et eius origine
De magis	De magis et minus
De mens.	De mensuris
De misc.	De miscibilibus in mixto
De nat. contin.	De natura et proprietate continuorum
De nat. contr.	De natura contrariorum
De orig.	De origine rerum praedicamentalium
De quid.	De quiditatibus entium
De subiecto	De subiecto theologiae
De sub. orb.	De substantia orbis
De sub. spir.	De substantiis spiritualibus et corporibus futurae resurrectionis
De theol.	De theologia quod sit scientia secundum perfectam rationem scientiae
De univ.	De universitate entium

De vir. inf.	De viribus inferioribus intellectu in angelis
De vis. beat.	De visione beatifica
De vol.	De voluntate
Ep. ad Ioann.	Epistula ad Ioannem Cardinalem Tusculanum
Ep. ad Summ.	Epistula ad Summum Poenitentiarium
Quaest. utrum in Deo	Quaestio utrum in Deo sit aliqua vis cognitiva inferior intellectu
Quaest. de phil.	Quaestiones de philosophia
Quaest. de theol.	Quaestiones de theologia
Utrum sub. spir.	Utrum substantia spiritualis sit composita ex materia et forma

2. Andere Abkürzungen und Siglen

a	Kolumne 1
a.	articulus
b	Kolumne 2
Beiträge	Beiträge zur Geschichte der Philosophie des Mittelalters, begr. von C. Baeumker, Münster 1891 ff.
c.	capitulum
cod.	codex
comm.	commentum
ed.	edidit
fol.	folio
lin.	linea
LW	Lateinische Werke
m.	metrum
n.	numerus
N.S.	New Series
p.	pagina
PG	Patrologia Graeca, ed. J. P. Migne, 166 Bde., Paris 1857—1866
PL	Patrologia Latina, ed. J. P. Migne, 217 Bde., Paris 1844—1855, und 4 Bde. Indices, Paris 1862—1864
pr.	prosa
prooem.	prooemium
prop.	propositio
q.	quaestio
r	recto

solut.	solutio
t.	textus
tract.	tractatus
v	verso
( )	(in der Übersetzung) editionstechnischer Zusatz

DIETRICH VON FREIBERG

ABHANDLUNG ÜBER DEN INTELLEKT
UND DEN ERKENNTNISINHALT

1 Diese Abhandlung mit dem Titel 'Über den Intellekt und den Erkenntnisinhalt' gliedert sich in drei verschiedene Teile, und jeder der Teile wird in ihm zugehörige Kapitel unterteilt. Der zweite Teil beginnt an der Stelle: ‚Es ist also in Betracht zu ziehen', der dritte an der Stelle: ‚Hinsichtlich des Intellekts aber'.
Im ersten dieser Teile wird im allgemeinen über die Intellekte gehandelt. Im zweiten Teil wird über den tätigen Intellekt im besonderen gehandelt, im dritten im besonde-
10 ren über den möglichen Intellekt.

ERSTER TEIL
(ÜBER DIE INTELLEKTE IM ALLGEMEINEN)

1 1. *Daß jedes Ding zum Zweck der ihm eigentümlichen Handlung ist*

(1) Wie der Philosoph im II. Buch der Schrift 'Über den Himmel und die Welt'[1] bemerkt, ist jegliches Ding zum Zweck der ihm eigentümlichen Handlung. Der Grund für diese Aussage liegt darin, daß sich die eigentümliche Handlung auf die Vervollkommnung eines Dinges bezieht und die Bestimmung des Guten und des Zieles besitzt, zu dessen Zweck ein Ding ist und ohne das jedes Ding zwecklos
10 wäre. Denn das Wesen eines Dinges hinsichtlich seines bloßen Seins genügt nicht der Naturabsicht, wenn nicht etwa eben das Wesen Handlung ist, wie es bei gewissen Seienden anzutreffen ist, die durch ihr Wesen immer in Wirklichkeit seiende Intellekte sind. Diese ihre wesentliche Handlung strömt aufgrund der Fruchtbarkeit ihrer Natur auch nach außen über, wie weiter unten offenkundig wird.

2. Über eine zweifache Handlung, nämlich eine wirkende   1
und eine erleidende, sowohl im Bereich des Körperli-
chen als auch des Intellektuellen

(1) Es gibt aber eine zweifache Art von Handlung: eine,
die in einem gewissen Wirken besteht, eine andere, die im
Erleiden besteht. Und beide dieser Handlungsarten sind sowohl im Bereich der körperlichen als auch der intellektuellen Seienden anzutreffen.

(2) Im Bereich des Körperlichen ist es hinsichtlich dessen, was im Wirken besteht, im Fall wirkender Kräfte of- 10
fenkundig, wie es sich mit dem Warmen, dem Kalten und
ähnlichem verhält, hinsichtlich dessen, was im Erleiden besteht, wie es das Feuchte, das Trockene und ähnliches sind,
und es ist hinsichtlich dessen, was beides, nämlich Wirken
und Erleiden, umgreift, offenkundig im Fall der Wahrneh-
mungshandlungen.

(3) Im Bereich des Intellektuellen aber ist die Handlung, die sich auf das Erleiden bezieht und das Erleiden
selbst ist, das Werk des wirklich gewordenen möglichen
Intellekts. Das Erkennen ist nämlich gemäß dem Philoso- 20
phen[2] eine Art Erleiden. Das ist in bezug auf den möglichen Intellekt insofern wahr, als der Intellekt ein Naturding und natürliches Erleiden ist. Sofern er aber ein Seiendes in der Gattung der dem Erfassen nach Seienden ist, besitzt er die Bestimmtheit und die Kraft eines wirkenden
Ursprungs, insofern er nämlich auf die Weise des Erfassens
dem Ding die ihm eigenen Ursprünge bestimmt und eben
ein solches Ding aus den ihm eigenen Ursprüngen begründet. Das geht so weit, daß auch das, was gemäß dem Natur-
sein Nicht-Seiendes und nichts ist, durch das Werk der Ver- 30
nunft Seiendes wird und jeweils Inhalt von erstem Bedeutungsgehalt ist, Inhalte, die in eine kategoriale Gattung
einordenbar sind, wie in bezug auf die Zeit und anderes
mehr offenkundig ist, worüber in der Abhandlung 'Über
den Ursprung der kategorial bestimmten Realität'[3] gehandelt wird.

1   3. *Daß die erleidende Handlung nicht den Intellekten, die*
durch ihr Wesen in Wirklichkeit seiende Intellekte sind,
zukommt

(1) Keine der erleidenden Handlungen aber bezieht sich
in eigentümlicher Weise auf einen Intellekt, der durch sein
Wesen in Wirklichkeit seiender Intellekt ist, es sei denn,
daß wir ‚Erleiden‘ dies nennen, daß solche Intellekte von
höheren Ursprüngen ihre Wesenheiten empfangen, die sie
aber nicht als Erleidensakte, sondern als Wirkakte empfan-
10 gen. Aufgrund dieser Tatsache jedenfalls ist alles, was dort
ist, als Ganzes wirkend und strömt nach außen auf anderes
über, und zwar durch seinen Intellekt, der die Kraft eines
wirkenden Ursprungs besitzt.
(2) Eben dies bringt Proklus im 171. Satz so zum Ausdruck[4]: „Jeder Intellekt setzt im Erkennen das ein, was
nach ihm ist, und sein Tun ist sein Erkennen, und seine Erkenntnis ist sein Tun." Dazu der Kommentar[5]: „Denn es
gibt den Intellekt und das Seiende, das in ihm mit ihm
identisch ist. Wenn er also durch das Sein sein Tun verrich-
20 tet, das Sein aber Erkennen ist, verrichtet er sein Tun
durch Erkennen."

1   4. *Über die vierfache Art von Seienden gemäß der Unter-*
scheidung des Proklus

(1) Proklus unterscheidet aber auch zwischen einer vier-
fachen Art von Dingen, bei denen er, der sorgfältige For-
scher, der er in bezug auf sein Vorhaben gewesen ist, es
noch im einzelnen für notwendig hält, nach den einem jeden von ihnen eigentümlichen Handlungen zu fragen.
(2) Er bemerkt also im 20. Satz[6] folgendes: „Höher als
alle Körper ist die Substanz der Seele, höher als alle See-
10 len die intellektuelle Natur und höher als alle intellektuellen Wesenheiten das Eine selbst." Die ersten drei dieser Arten bringt er durch die ihnen eigentümlichen positiven Be-
nennungen zum Ausdruck, wie offenkundig ist. Die vierte umschreibt er mit einer Benennung, die Beraubung mit

sich bringt, nämlich mit Einheit, und dies, wie es im 6. Satz
des 'Buches über die Ursachen'[7] heißt: „Die erste Ursache
ist höher als jede Bezeichnung, und der Sprache fehlt es
an einer Bezeichnung nur zum Zweck der Bezeichnung
ihres Seins, weil sie über jeder Ursache ist." Und weiter
unten im 22. Satz[8]: „Die erste Ursache ist über jeder Be-   20
nennung, mit der sie benannt wird." Und oben im 21. Satz[9]:
„Das Erste ist an sich selbst reich und ist ein größeres Rei-
ches." Dazu der Kommentar[10]: „Und der Beweis dafür ist
seine Einheit."

5. *Wie im Bereich des Körperlichen ein Ursprung wirken-*   1
der Handlung anzutreffen ist

(1) Man muß aber bei den einzelnen zuvor genannten
Arten von Seienden die einem jeden von ihnen eigentümliche Handlung so nehmen, wie es einem jeden seiner
Fähigkeit entsprechend angemessen sein dürfte, man muß
sie, so meine ich, gemäß der Ähnlichkeit der Verhältnisgleichheit nehmen, denn wie es sich mit einem von ihnen
verhält, so verhält es sich gleich mit dem anderen, und dies
gilt von allen, und zwar vornehmlich hinsichtlich der wir-   10
kenden Weise der wirkenden Handlung, zu deren Vollzug
in einer jeden wirkenden Substanz sich ein Teil notwendig
in einen anderen ergießt, wodurch sie in das ihr Äußerliche
überströmt, um etwas zu wirken. Denn losgelöste, gänzlich
losgelöste Substanzen würden keineswegs hinreichen, etwas zu wirken, wenn nicht einer ihrer Teile in einen anderen flösse, bis daß man zu dem einer solchen Substanz
Äußerlichen kommt, wie es bei nebeneinander aufgetra-
genen Farben offenkundig ist, von denen keine physisch
auf eine andere wirkt, weil gefärbte Dinge als gefärbte   20
keine derartigen wirkenden Ursprünge, das heißt nicht eine
solche Verfaßtheit der Teile, besitzen. Diese Verfaßtheit
eines Dinges in seinen Teilen, daß nämlich der eine in einen
anderen fließt, ist die wirkende Beschaffenheit einer solchen Substanz, solche bestimmten Verfaßtheiten der Substanzen sind ihre bestimmten Beschaffenheiten, und sol-

che bestimmten Beschaffenheiten sind die Ursprünge und
Ursachen bestimmter Handlungen und Wirkakte, wie es
beim Warmen, Kalten und bei ähnlichem offenkundig ist.
30   (2) Zwischen diesen Handlungen besteht jedoch ein Unterschied. Das Warme nämlich ist durch Wirken oder Verändern Anlaß dafür, daß ein Ding, auf das es wirkt, in seinen Teilen vom Mittelpunkt nach außen fließt, das Kalte
läßt umgekehrt ein Ding in seinen Teilen zu seinem Mittelpunkt streben. Der Grund dafür liegt darin, daß die Wärme
eine Verfaßtheit der Substanz ist, durch die sie von innen
nach außen dringt, und so Anlaß dafür ist, daß auch das
Ding, das sie verändert, ihr ähnlich von innen nach außen
dringt. Das Kalte ist umgekehrt Anlaß dafür, daß ein Ding,
40   das es verändert, sich von außen nach innen zusammen-
zieht, wenn ich so sagen darf. Dies nämlich ist die Verfaßtheit des Kalten in seiner Substanz hinsichtlich seiner Teile, die dennoch im Ganzen nicht der Wirklichkeit, sondern
der Kraft nach unterschieden sind, wie es sich mit Teilen
verhält, wenn ein Körper sich verdichtet oder schwindet.
      (3) Dies ist beispielshalber über das Warme und Kalte
angeführt worden, weil es sich verhältnisgleich auch mit
anderen körperlichen Beschaffenheiten so verhält, die von
späterer Natur sind; bei ihnen aber gegenwärtig zu verwei-
50   len ist weder beabsichtigt, noch erlaubt es die kleine
Schrift.

1   *6. Wie im Bereich des Lebenden ein Ursprung wirkender*
      Handlung anzutreffen ist

      (1) Entsprechend den Ausführungen über die Körper
aber verhält es sich mit den Seelen oder dem Beseelten,
daß nämlich bei ihnen hinsichtlich ihrer Teile notwendig
ein gewisses Sich-Ergießen anzutreffen ist, durch das ein
Teil in einen anderen fließt, wodurch es nach außen überströmt. Dies ist nicht nur durch Erfahrung sowohl im Bereich des vollkommenen Lebenden, nämlich bei der Be-
10   wegung des Herzens, der Pulsadern, der Lunge, der Brust
und anderem ähnlichem, als auch im Bereich des unvoll-

kommenen Lebenden, zum Beispiel bei Pflanzen und
Schaltieren, so bei Austern und anderem ähnlichem, offenkundig, dies, so meine ich, weiß man nicht nur durch Erfahrung, sondern auch aufgrund der eigentümlichen Bestimmtheit des Lebenden als Lebenden, weil sich das Lebende vom Nicht-Lebenden dadurch unterscheidet, daß es
in sich den Ursprung seiner Bewegung besitzt, wodurch
der eine Teil einen anderen bewegt.

(2) Dabei brauchen wir uns aber nicht aufzuhalten, 20
auch ist es nicht erforderlich, daß wir uns zu den die Himmel bewegenden Ursprüngen entfernen, die wir Himmels-
seelen nennen und die durch ihre Intellekte bewegen; über
sie ist im Rahmen der gemäß Proklus dritten Art von Dingen zu handeln, nämlich über die intellektuellen Wesenheiten.

7. Über die zweifache Art von Intellekten   1

(1) Dabei ist zu beachten, daß es eine zweifache Art
von Intellekten gibt: eine, der die durch ihr Wesen in Wirklichkeit seienden Intellekte zugehören, die in keiner Weise in erleidender Möglichkeit sind, weder gemäß wesentlicher Möglichkeit noch gemäß akzidenteller Möglichkeit,
eine Unterscheidung, die der Philosoph im VIII. Buch der
'Physik'[11] in bezug auf diese zweifache Möglichkeit trifft.
Diese Intellekte sind Substanzen und in keiner Weise fähig,
ein Akzidens aufzunehmen. Von dieser Art sind jene intel- 10
lektuellen Substanzen, die die Philosophen Intelligenzen
nannten, über die im 'Buch über die Ursachen' und in der
Schrift des Proklus gehandelt wird und die er an mehreren
Stellen jener Schrift[12] ‚Götter‘ nennt, wenngleich gemäß
einem abgeschwächten und unvollkommenen Begriff von
Gottheit, wie auch der Philosoph im XII. Buch der 'Metaphysik'[13] das Wort jener billigt, die die Ursprünge, welche
die Himmel bewegen, ‚Götter‘ nannten, freilich, so meine
ich, gemäß einem abgeschwächten und unvollkommenen
Begriff von Gottheit. Gott nämlich beansprucht, etwas zu 20
sein, über das hinaus es nichts Höheres gibt, dem nichts

ermangelt, weder gemäß dem Sein noch gemäß dem Handeln.

(2) Dieser Art von Intellekten gehört unser tätiger Intellekt an, der nach dem Beispiel der abgetrennten Substanzen gemäß der Weise jener Substanzen in keiner Weise in erleidender Möglichkeit ist und eine Substanz ist, keinem Akzidens zugrunde liegend oder zugrunde zu liegen fähig, vielmehr ist alles, was in ihm ist, rein seine Substanz.

30 (3) Es gibt eine andere Art von Intellekten, der sie in erleidender Möglichkeit zugehören, vielmehr sind sie, wenn sie in Wirklichkeit sind, die Erleidensakte selbst, da gemäß dem Philosophen[14] das Erkennen eine Art Erleiden ist. Vor dem Erkennen aber sind sie reine Möglichkeiten, im Zustand der Beraubung, ohne eine positive Natur zu besitzen.

(4) Dies ist von diesen beiden Arten von Intellekten, nämlich dem tätigen und dem möglichen, sehr ausführlich und nach dem Urteil vieler sehr treffend und wahrhaft anderswo gezeigt worden, nämlich in der Abhandlung, in

40 der davon die Rede ist, ob es in Gott eine Erkenntniskraft gibt, die niedriger als der Intellekt ist[15], einer Abhandlung, die ich in der Schule nach Art einer Quästion vorgestellt und mit bestimmtem Entscheid versehen habe, und daneben ist dort über die intellektuellen Geschöpfe gehandelt worden[16]. Auch ist dasselbe noch ausführlicher und treffender in unserer Abhandlung 'Über die glückselige Schau'[17], welches eine wesentliche Schau Gottes ist, gezeigt worden, und daher habe ich beschlossen, hier nicht zu wiederholen, was dort abgehandelt worden ist.

1 8. *Wie in den Intellekten wirkende Ursprünge anzutreffen sind, wodurch sie auf anderes außerhalb überströmen*

(1) Dies aber, so glaube ich, muß untersucht werden, wie in diesen Intellekten ein inneres Sich-Ergießen anzutreffen ist, wodurch etwas in ein anderes fließt und wodurch sich in ihnen auch wirkende Ursprünge finden, und zwar vornehmlich in denen, die durch ihr Wesen immer in Wirklichkeit seiende Intellekte sind.

(2) Dabei ist zu bedenken, daß, wenn sich auch in
ihnen, das heißt in ihrer Substanz, nicht ein Teil und noch 10
ein Teil finden, da sie einfache Substanzen sind, dennoch
in jedem von ihnen gewisse Entstehungsbezüge, die Naturbezüge sind, anzutreffen sind, insofern jeder von ihnen sich
zugewandt ist und sich selbst durch sein Wesen erkennt,
wie es im 'Buch über die Ursachen'[18] heißt, daß ein jeder
solcher Intellekte durch vollständige Rückkehr zu seinem
Wesen zurückkehrt, indem er nämlich sich selbst durch
sein Wesen erkennt; darin bestehen gewisse Naturbezüge,
von denen jeder die ganze Substanz eines solchen Intellekts
mit sich bringt und die sich nur durch Bezug voneinander 20
unterscheiden. Diese Bezüge nennt Augustin hinsichtlich
unseres tätigen Intellekts Gedenken, Einsicht und Wille
und bemerkt dort, im X. Buch der Schrift 'Über die Dreieinheit', Kap. 27[19], daß diese drei nicht drei Leben sind,
sondern ein Leben, nicht dreimal Geist, sondern ein Geist
und folglich auch nicht drei Substanzen, sondern eine Substanz, wobei sie sich nur darin unterscheiden, daß sie sich
aufeinander beziehen. Ähnlich verhält es sich mit den abgetrennten Substanzen, die durch ihr Wesen immer in Wirklichkeit seiende Intellekte sind. Und darin besteht beim 30
Verursachen ein gewisses Hinausdringen einer solchen Substanz zu einem anderen außerhalb, wie oben aus Proklus
angeführt worden ist und Avicenna in seiner 'Metaphysik'[20]
zu den abgetrennten Ursprüngen bemerkt, daß sie nämlich
durch Erkennen das, was später ist, verursachen. Daher ist
ihre derartige Erkenntnis kein Erleiden und nicht erlei-
dend, sondern wahrhaft Wirken und wirkend, und so
strömt sie über auf ein anderes außerhalb ihrer. Ich bediene
mich aber der Wörter ‚Wirken‘ und ‚wirkend‘ in erweiterter
Bedeutung von Wirken im Sinne eines gewissen Hinaus- 40
dringens, das die Art von Wirken besitzt, wie auch zum
Körperlichen ausgeführt worden ist, daß sich nämlich in
ihm ein gewisses Hinausdringen, nicht jedoch in eigentümlicher Weise ein Wirken findet, insofern es der Substanz
eines solchen Körpers innewohnt.

(3) Damit genug von den abgetrennten Intellekten, die
immer in Wirklichkeit seiende Intellekte sind! Von daher

nennt Proklus sie intellektuelle Wesenheiten, welches nach
seiner Aufzählung die dritte Art von Seienden ist.

1 9. *Wie im ersten Ursprung von allem auch eine solche*
  Fruchtbarkeit vorliegt, durch die er nach außen über-
  strömt

(1) Darüber setzt er an die vierte Stelle und über alles
das Eine selbst, in dem sich, wie zu bemerken ist, in ähn-
licher Weise ein gewisses inneres bezugsfähiges Sich-Ergießen findet, wodurch jene über alles gepriesene Natur in
ihrer Fruchtbarkeit nach außen auf das ganze Seiende über-
10 strömt und es aus dem Nichts durch Schöpfung und Len-
kung begründet, wie es Augustin in seiner Schrift 'Über die
Genesis'[21] abhandelt, wo es heißt: Gott sprach: Es werde
Licht, oder: Es werde eine Feste, und anderes derartiges,
das heißt: Er zeugte ein Wort, an dem es lag zu werden.
Daraus erhellt, daß jenes Eine, das Proklus an die vierte
Stelle und über alles gesetzt hat, auf intellektuelle Weise
auch fruchtbar ist.

(2) Hier ist auch dies zu bemerken, daß ihm alles so,
wie es auf intellektuelle Weise aus ihm hervorgeht, zuge-
20 wandt ist. Von daher sagt Proklus im 34. Satz[22] folgendes:
„Alles, was sich gemäß seiner Natur umwendet, vollzieht
seine Hinwendung zu dem, welchem es auch den Hervorgang des eigenen Selbstandes verdankt." Dazu der Kommentar ebenda[23]: „Daher erhellt daraus, daß das allem Er-
strebenswerte der Intellekt ist, und alles geht aus dem
Intellekt hervor, und die ganze Welt verdankt dem Intellekt ihre Substanz, wenn sie auch von unendlicher Dauer
ist. Und nicht geht sie deswegen nicht immer hervor, sondern auch als unendlich dauernde gemäß ihrem Wesen, und
gemäß der Ordnung ist sie ihm immer und unauflöslich
30 zugewandt."

10. *Auf welche Weise in den Intellekten notwendig ein*   1
wirkender Ursprung ist, wodurch sie nach außen über-
strömen

(1) Nach dieser Betrachtung, auf welche Weise nämlich
in den einzelnen Arten der Dinge eine wirkende Kraft anzunehmen ist, muß im besonderen zum Intellekt fortgegangen werden, welcher der dritten Art der zuvor aufgezählten Seienden zugehört.

(2) Aufgrund des Vorausgeschickten ist der Schluß erlaubt, daß jene Substanz, und damit jede derartige Sub-   10
stanz, die durch ihr Wesen immer in Wirklichkeit seiender
Intellekt ist, in sich die Kraft eines wirkenden Ursprungs
besitzt, durch die sie außerhalb ihrer etwas auf ein anderes
hin wirkt. Andernfalls wäre sie in der Natur zwecklos.
Denn gemäß dem Philosophen im II. Buch der 'Physik'²⁴ ist
zwecklos, was ohne eigenes Ziel ist. Die Natur aber wirkt
nichts ohne Zweck²⁵, denn wie ihr an Notwendigem nichts
ermangelt, so ist sie nicht allzu reich an Überflüssigem. Es
wäre aber ein jedes Ding in der Natur überflüssig und
zwecklos, wenn es ohne die ihm eigentümliche Handlung   20
wäre, die das Ziel eines Dinges ist, zu dessen Zweck es ist,
eine Handlung, so meine ich, durch die es nach außen
strebt, weil dadurch in einem jeden Ding nicht nur Seiendheit und Wahrheit anzutreffen sind, sondern auch Gutheit,
so daß ein jedes Ding Seiendes, Wahres und Gutes ist, und
dies vertauschbar, somit in sich ein Seiendes ist, ein Wahres
in Hinordnung auf den Intellekt, ein Gutes aber insofern,
als es in wirkender Weise auf ein anderes außerhalb seiner
überströmt.

(3) Und sollte etwas aufgrund einer erleidenden Kraft   30
gut genannt werden, ist dies jedoch nur insofern zutreffend,
als jenes Ding im Verein mit einer wirkenden Kraft handelt, wie ein feuchtes oder trockenes Ding gut genannt
werden mag, insofern ein solches Ding der Ordnung nach
einer wirkenden Kraft untersteht, oder es auch in erweiterter Bedeutung von Gutheit gut genannt werden mag, daß
es nämlich insofern gutes Ding heißt, als es vollkommen
ist. Denn das losgelöste Wesen besitzt an ihm selbst nicht

die Bestimmtheit des Guten und ist auch nicht der realen
40 Ordnung des Alls zugehörig, insofern es ein einziges der
Art und den Teilen nach vollkommenes Ganzes ist, einer
Ordnung, die sich dadurch auszeichnet, daß ein Ding durch
eine wirkende Kraft in ein anderes fließt. Das wirkende
Einfließen nämlich bewirkt, daß ein Ding, dem das Einfließen zuteil wird, der Ordnung des Einfließenden zugehörig ist. Nicht aber bewirkt in der Weise das erleidende
Empfangen, daß ein einfließendes Ding seiner Ordnung zugehörig ist, sondern jenem, das etwas von einem anderen
empfängt, wird es zuteil, der Ordnung des Einfließenden
50 durch dessen wirkende Kraft zugehörig zu sein.

(4) Und es ist zu beachten, daß ein Ding nicht nur gut
genannt wird, weil es in ein anderes fließt, sondern auch,
weil es jenes Ding, in das es fließt, als gutes begründet.
Andernfalls wäre es aufgrund eines solchen Ausflusses
nicht gut, wenn nicht auch jenes Ding, das es durch Aus-
fließen begründet, gut wäre. Ein solcher Ausfluß wäre nämlich zwecklos, wenn jenes Ding, das durch einen solchen
Ausfluß begründet wird, nicht auch gut wäre, weil ein
Ding, das so ausgeflossen ist, gemäß den vorangehenden
60 Ausführungen ohne Zweck wäre.

1 11. *Bekräftigung dessen durch Nachweis*

(1) Ein Nachweis für die Wahrheit dessen, was hier gesagt worden ist, ist das, was die Philosophen über den Hervorgang der Seienden, die aus der ersten Ursache flossen,
abgehandelt haben, das, obwohl es erstrangigen und vor-
trefflichen Philosophen, nämlich Aristoteles, Platon, dem
Platoniker Proklus und dem 'Buch über die Ursachen' ent-
nommen werden kann, klar jedoch bei Avicenna in seiner
'Metaphysik'[26], von der Algazel eine Kurzfassung vorge-
10 legt hat, zu lesen ist. Die genannten Philosophen nahmen
aber an, daß die Dinge gemäß einer gewissen Ordnung aus
Gott fließen, so daß nämlich zuerst die erste Intelligenz aus
Gott hervorgeht und aus ihr die zweite Intelligenz, die Seele des ersten Himmels und der erste Himmel hervorgehen,

aus dieser zweiten Intelligenz aber die dritte, die Seele des
zweiten Himmels und der zweite Himmel hervorgehen und
so fort bis zu jener Intelligenz, aus der die Seele des untersten Himmels, der unterste Himmel und jene Intelligenz,
die die Substanz dessen, was entsteht und vergeht, verursacht, hervorgehen.   20
   (2) Dies stimmt mit dem zusammen, was im Kommen-
tar zum 4. Satz des 'Buches über die Ursachen'[27] und an
anderen weiteren Stellen jenes Buches zu lesen ist, bei all
dem jedoch unter Bewahrung dessen, daß ihrer Meinung
nach Gott allein Schöpfer ist, wie es im 'Buch über die Ursachen'[28] heißt. Daß nämlich ein Ding aus einem anderen
hervorgeht, bedeutet nicht, daß ein Ding ein anderes
schafft, sondern Schaffen bedeutet so Hervorbringen, daß
es kein Zugrundeliegendes voraussetzt, aus dem es hervorbringt, kein höheres und früheres Wirkendes erfordert oder 30
voraussetzt, kraft dessen es wirkt und von dem es die Kraft,
um zu wirken, hat, und daß es bei sich auch jenes wirkt,
das auch von der zweiten Ursache gewirkt wird, denn alles,
was in wesentlich Geordnetem die zweite Ursache wirkt,
wird von einer höheren Ursache gewirkt, aber auf hervorragendere Weise, wie es im 'Buch über die Ursachen'[29] heißt
und Proklus im 54. Satz[30] folgendermaßen zum Ausdruck
bringt: „Alles, was vom Zweiten hervorgebracht wird, wird
in hervorragenderer Weise auch vom Früheren und Verur-
sachungsfähigeren hervorgebracht, von dem auch das Zwei- 40
te hervorgebracht wurde."

12. *Ein beiläufiger Gedanke: daß die Philosophen, die*   1
    über die Intelligenzen handelten, nicht über die Engel
    handelten

   (1) Bezüglich des bereits Ausgeführten ist aber auch dies
festzuhalten, daß die genannten Philosophen, bei denen
von den Intelligenzen die Rede war, nicht von den Engeln
sprachen, von denen die Heilige Schrift redet, die von Ge-
heimnissen, die vor den Weisen und Klugen verborgen sind,
kündet[31] und sie den ganz Kleinen offenbart, von den En-

10 geln, so sage ich, die die Allmacht Gottes, des Schöpfers,
vieltausendfach unmittelbar hervorgebracht hat, das heißt
nicht gemäß der Ordnung des Ausströmens, daß nämlich
einer von einem anderen und von diesem wieder ein anderer und so fort ins Sein fließen. Sie sind nämlich gemäß
ihrer Substanz keine durch ihr Wesen in Wirklichkeit seienden Intellekte, wodurch sie dies vermöchten. Wenn sie in-
des auch nicht gemäß der sogenannten Ordnung des Ausströmens aus Gott ins Sein fließen, so werden sie dennoch
von Gott unter Vermittlung eines in Wirklichkeit seien-
20 den Intellekts ins Sein begründet, den Gott ihrer Natur und
Substanz eingegeben hat, so daß sich ein solcher Intellekt
in ihnen entsprechend dem Herzen im Lebewesen verhält,
wie bald offenkundig wird, wenn über die menschliche
Verstandesseele gehandelt wird.

(2) So wissen wir also aufgrund einer gewissen allgemeinen und alle Seienden insgesamt betreffenden Überlegung, daß in den Intellekten, die durch ihr Wesen seiende
Intellekte sind, notwendig eine gewisse wirkende Kraft
anzutreffen ist, wodurch sie, indem sie ein anderes verur-
30 sachen, nach außen überströmen, wie auch oben im besonderen in bezug auf den Intellekt aus Proklus angeführt worden ist. Nun aber ist dies aufgrund einer besonderen Überlegung bezüglich des Intellekts in den Blick zu nehmen.

ZWEITER TEIL
(ÜBER DEN TÄTIGEN INTELLEKT)

1. *Daß der Intellekt als Intellekt die Ähnlichkeit des gan-*   1
zen Seienden ist und daß diese Ähnlichkeit bei Substan-
zen Identität ist gemäß einer von drei Weisen, die dort
nach Proklus aufgezählt werden

(1) Es ist also in Betracht zu ziehen, daß jeder Intellekt
als Intellekt die Ähnlichkeit des ganzen Seienden oder des
Seienden als Seienden ist, und zwar durch sein Wesen. Und
darin gründet das Wort des Philosophen im III. Buch der
Schrift 'Über die Seele'[32], daß es nämlich der tätige Intellekt ist, der alles zu machen vermag, der mögliche Intel- 10
lekt, der alles zu werden vermag. Das jedoch ist deshalb
möglich, weil beide dieser Intellekte durch ihr Wesen die
Ähnlichkeit aller Seienden sind, wenngleich der eine von
ihnen der Wirklichkeit nach, nämlich der tätige Intellekt,
der andere der Möglichkeit nach, bevor er erkennt, nämlich
der mögliche Intellekt.

(2) Jede wesentliche Ähnlichkeit aber, besonders bei
Substanzen, ist wechselseitige Identität derer, die durch ihr
Wesen ähnlich sind. Denn was bei Beschaffenheiten Ähn-
lichkeit ist, ist bei Substanzen Identität, was hier auf eine 20
von drei Weisen möglich ist, die im Kommentar zum
136. Satz[33] des Proklus folgendermaßen aufgezählt werden:
„Auf dreifache Weise war ein jedes: entweder gemäß der
Ursache oder gemäß dem Wesen oder gemäß der Teilhabe."
Mehr Weisen treffen wir in wesentlich Geordnetem nicht
an. Denn in einer solchen Ordnung ist das Höhere alles
Niedere gemäß der Ursache, das Niedere hingegen ist das
Höhere gemäß der Teilhabe; gemäß dem Wesen aber ist
keines mit dem anderen identisch, sondern ein jedes
gründet in sich selbst gemäß univoker Bestimmtheit des 30
ihm eigentümlichen Wesens.

(3) Wenn wir also von den abgetrennten Intellekten
sprechen, ist gemäß den Philosophen zu bemerken, daß sie
gemäß der Ursache alles Niedere sind, für das sie Ursachen

sind; alles Niedere aber ist die höheren Seienden gemäß der
Teilhabe, insofern es von ihnen verursacht ist und an
ihren Vollkommenheiten teilhat, freilich nicht in der Vortrefflichkeit, wie sie in den Ursachen selbst sind; deswegen,
so heißt es, ist es gemäß der Teilhabe.

40 (4) Dabei ist es erforderlich, höchste Vorsicht walten
zu lassen und besonders dafür Sorge zu tragen, daß wir der
allmächtigen Kraft Gottes nicht dies entziehen, daß er
solche Geschöpfe einsetzen kann, denen er eine solche wirkende Kraft mitteilt, daß sie in andere Dinge fließen, indem sie sie zum Sein führen, obwohl nichtsdestoweniger
bei ihm noch die Allmacht, Schöpfer zu sein, die keinem
Geschöpf zuteil werden kann, verbleibt, auch gemäß den
Philosophen, die annahmen, daß die Dinge aus Gott gemäß
der Ordnung des Ausfließens hervorgehen, wie vorausge-
50 schickt worden ist, so daß alles, was von einer niederen
und zweiten Ursache wird, jenes auch von der ersten Ursache wird, aber auf hervorragendere Weise, nämlich auf
die Weise der Schöpfung, ohne die keine andere niedere
Ursache etwas macht, vielmehr wird eben durch eine solche Weise jede Zweitursache in das ihr eigentümliche Wirken versetzt und fest begründet. Gemäß den vorangehenden Ausführungen würde ich also zur Bewahrung der Ordnung der Dinge hinsichtlich des Ausströmens und zur Ver-
herrlichung der allmächtigen Kraft des Schöpfers wohl be-
60 haupten wollen, daß alle Intellekte niederen Ranges aus
höheren Intellekten hervorgehen, die dies kraft der ersten
Ursache wirken, indem diese Kraft ihr Wirken fest begründet und dieselben zugleich, vielmehr früher auf höhere und
hervorragendere Weise wirkt, wenn ich dies nicht deshalb
für eine leichtfertige Behauptung hielte, weil es in der
Schrift der Wahrheit, zu der wir uns gemäß dem Glauben
bekennen, nicht zum Ausdruck gebracht worden ist.

(5) Was auch immer es aber damit auf sich haben mag,
so ist klar, daß, wenn wir über den möglichen Intellekt re-
70 den, er jedes Seiende gemäß der Teilhabe ist, einer Teilhabe, die sich in ihn senkt, wenn er durch den tätigen
Intellekt wirklich wird, der der begründende Ursprung der
Wirklichkeit des möglichen Intellekts ist.

2. Daß der tätige Intellekt begründender Ursprung der Substanz der Seele ist, vergleichbar dem Herzen im Lebewesen

(1) Daraus aber wird ein weiterer Gedanke abgeleitet, und es wird gezeigt, daß der tätige Intellekt begründender Ursprung eben der Substanz der Seele ist, ein, so meine ich, gemäß der Substanz auf bestimmte Weise innerlicher Ursprung, vergleichbar dem Herzen im Lebewesen.

(2) Es steht nämlich fest, daß eben der tätige Intellekt wirkender und an sich seiender Ursprung der Erkenntnis- 10 form im möglichen Intellekt ist, einer Erkenntnisform, die das ganze Wesen des möglichen Intellekts ist, wie wir bei Alfarabi[34] und Alexander[35] in ihren Schriften 'Über den Intellekt und den Erkenntnisinhalt' lesen. Der mögliche Intellekt selbst aber ist insofern, als er dem Vermögen nach ist, nur reine Möglichkeit ohne jede positive Natur, wie anderswo recht ausführlich gezeigt worden ist. Es ist aber klar, daß eine derartige Erkenntnisform ein gewisses Akzidens oder eine gewisse akzidentelle Verfaßtheit ist. Der tätige Intellekt aber wirkt sie deshalb durch sein Wesen, weil 20 kein wirkender Ursprung in ihm ist außer sein Wesen.

(3) Darüber hinaus aber sind Wirkendes und Erleidendes der Natur nach zugleich, ehe das eine von ihnen auf das andere wirkt, und sowohl im Bereich des Körperlichen als auch des Geistigen berühren sie sich gemäß dem Philosophen im V. Buch der 'Physik'[36] wechselseitig. Also ist der tätige Intellekt der Natur nach zugleich mit der Substanz der Seele, bevor er jene akzidentelle Verfaßtheit wirkt, die in ihr die Erkenntnisform ist, und ist durch sein Wesen zugleich mit der Substanz der Seele, bevor er auf 30 sie wirkt. Eine derartige Gleichzeitigkeit aber ist nichts denn wesentliches Zugleich-Existieren der Dinge, das bei Seienden auch nur erkennbar ist, wenn das, was derartig ist, ein einziges Wesen ist wie die Seele oder ein wesentliches Identisches ist wie das aus Stoff und Form Zusammengesetzte oder das eine wesentlich Grund ist für das andere, dies unter der Voraussssetzung, daß Wirkendes und Erleidendes dem Zugrundeliegenden nach immer unter-

schieden sind. Der tätige Intellekt aber ist nicht Wesen und
40 nicht wesentlich Identisches mit ihr wie jenes, das wesentlich ein Eines ist, zum Beispiel das aus Stoff und Form Zusammengesetzte; er würde nämlich in ihr keine akzidentelle
Verfaßtheit wirken, wie die Form auch nicht auf das ihr
eigentümliche Zugrundeliegende wirkt. Also sind sie notwendig so zugleich, daß das eine von ihnen wesentlich
Grund für das andere ist. Und so verhält sich der tätige
Intellekt in Rücksicht auf die Substanz oder das Wesen
der Seele.

1 *3. Eine Einwendung mit ihrer Lösung*

(1) Auch bedeutet es kein Hindernis, wenn jemand
einwenden sollte, daß das eigentümliche Zugrundeliegende der Erkenntnisform oder des Erkenntnisinhalts die Vorstellung und nicht das Wesen der Seele ist.
(2) Darauf ist zu sagen, daß in der Ordnung der dem
Erfassen nach Seienden ein Eines aus Erkenntnisinhalt
und Vorstellung gebildet wird gleichsam wie ein aus Stoff
und Form Zusammengesetztes und jenes Eine der Ur-
10 sprung ist, der auf formale Weise den wirklichen Vollzug
des Erkennens auslöst, da es gemäß dem Philosophen[37] unmöglich ist, ohne Vorstellung zu erkennen. Insofern dieses
so zusammengesetzte Eine aber etwas an Natürlichkeit und
Seiendheit besitzt, bleibt es schlechthin in der Gattung der
akzidentellen Verfaßtheit. Und so bleibt auch in bezug auf
den tätigen Intellekt in Rücksicht auf eine solche akzidentelle Verfaßtheit und in Rücksicht auf die Substanz, der
eine solche Verfaßtheit eignet, der Gedanke bestehen, der
zuvor in bezug auf den Erkenntnisinhalt und die Substanz
20 oder das Wesen der Seele angeführt wurde.
(3) Noch augenscheinlicher ist die Wirksamkeit der angeführten Überlegung bei der abgetrennten als bei der
verbundenen Seele, da gemäß denen, die in ihren Reden
dem allgemeinen Menschenverstand folgen[38], das aus Seele
und Körper Verbundene das Zugrundeliegende nicht nur
der äußeren, sondern auch der inneren Sinne, so des Ge-

meinsinnes und des Vorstellens, ist, gemäß Augustin aber
allein die Seele diese lebendigen Handlungen, sei es die
äußeren, sei es die inneren, so bewirkt und ausübt, daß der
Körper keineswegs das Zugrundeliegende solcher Erlei-   30
densakte ist, sondern bloß Werkzeug, vermittels dessen die
Seele die genannten Handlungen ausübt, wie er in der
Schrift 'Über die Genesis'[39] abhandelt.

4. *Darlegung gewisser Aussagen Augustins bezüglich der*   1
   Handlungen der Seelenvermögen und daß in der Seele
   eine gewisse Innerlichkeit anzutreffen ist, durch die sie
   sich mit dem Körper nicht wie eine Form verbindet

(1) Infolgedessen müssen wir dem Beachtung schenken,
daß wir gemäß Augustin[40] in der Seele eine gewisse Innerlichkeit ihrer Substanz antreffen, gemäß der sie sich nicht
mit dem Körper verbindet, eine Innerlichkeit, in der sie diese sinnlichen Handlungen, sei es die äußeren, sei es die inneren,. zwar ohne den Körper als ein Zugrundeliegendes die-   10
ser Erleidensakte, nicht aber ohne den Körper als Werkzeug
ausübt. Der Grund dafür aber liegt darin, daß diese Erleidensakte, von denen die Rede gewesen ist, geistige sind und
an sich dem Geist zukommen. Von daher können sie dem
Körper nicht gemäß univoker Bestimmtheit zuteil werden.

5. *Bekräftigung der Aussagen und daß sich die Seele zwar*   1
   als ganze mit dem Körper wie eine Form verbindet,
   nicht jedoch gemäß jeder ihr eigenen durch Beschaffen-
   heit ausgezeichneten Weise

(1) Daß aber diese Möglichkeit besteht, kann in einer
Weise folgendermaßen einleuchten: Obwohl sich nämlich
die Seele gemäß ihrem ganzen Wesen mit dem Körper verbindet, weil sie einfach ist, ist sie dennoch nicht gemäß
jeder durch Beschaffenheit ausgezeichneten Weise ihrer
Substanz verbunden. Denn sie besitzt in sich mehrere ver-   10
schiedene durch Beschaffenheit ausgezeichnete substan-

tielle Weisen, von denen jegliche das ganze Wesen der Seele
mit sich bringt, die nichtsdestoweniger eine ist, und sie
ist als ganze zugleich, sei es, daß sie gemäß einer jener Weisen verbunden ist, sei es, daß sie gemäß einer anderen nicht
verbunden ist. Auch versehen jene verschiedenen Weisen
ihr Wesen nicht mit zahlenmäßigem Unterschied, sondern
gemäß einer jeden von ihnen unterliegt einer jeden von
ihnen ihr eines einfaches und ungeteiltes Wesen.

20 (2) Dies ist offenkundig, wenn wir darauf achten, auf
welche Weisen sich manchmal im Bereich des Seienden
seine Wesen oder Substanzen der Zahl nach unterscheiden
und auf welche nicht. Denn eine aus Stoff und Form zusammengesetzte Substanz ist hinsichtlich der wesentlichen
Verschiedenheit ihrer Ursprünge, des Stoffes und der Form
nämlich, der Zahl nach wesentlich unterschieden. Auch ein
durch Größe, sei es durch getrennte, sei es durch fortlau-
fende Größe, bestimmtes Seiendes ist seiner Substanz nach
zahlenmäßig unterschieden; der Substanz nach ist ein ande-
30 res der Fuß, ein anderes die Hand, und so steht es auch mit
den anderen durch Größe bestimmten Teilen. Die natürlichen Bezüge aber, auch die, welche bei gewissen Wesen
anzutreffen sind, versehen sie nicht mit zahlenmäßigem
Unterschied, wie Augustin im X. Buch der Schrift 'Über
die Dreieinheit', Kap. 27[41], von dem Gedenken, der Einsicht und dem Willen zeigt, von denen ein jedes das ganze
Wesen des Geistes mit sich bringt, ohne eben das Wesen
des Geistes mit zahlenmäßigem Unterschied zu versehen,
und die sich nur darin unterscheiden, daß sie sich aufeinan-
40 der beziehen, wie er dort bemerkt. Dasselbe liegt bei gewissen anderen durch Beschaffenheit ausgezeichneten Weisen vor, nämlich bei der Gattung, dem Unterschied und der
Art, auch wenn sie bei Naturdingen angenommen werden;
eine jede von ihnen bringt das ganze Wesen eines Dinges
mit sich, dies unter Bewahrung dessen, daß die eine dieser
substantiellen Weisen keine andere ist.

(3) Näherhin aber leuchtet die Beweisabsicht bei jenen
drei durch Beschaffenheit ausgezeichneten substantiellen
Weisen ein, die in dem einen Wesen der Verstandesseele an-
50 zutreffen sind, nämlich dem Ernährenden, dem Wahrneh-

menden und dem Verständigen, von denen eine jede das
ganze Wesen der Verstandesseele mit sich bringt und sich
nichtsdestoweniger von den beiden anderen unterscheidet,
wobei gemäß dem Philosophen[42] das Ernährende dem
Wahrnehmenden und das Wahrnehmende dem Verständigen wie das Dreieck dem Viereck innewohnt.

(4) So also ist hinsichtlich der Meinung Augustins in
der Seele eine gewisse Innerlichkeit gemäß einer durch Beschaffenheit ausgezeichneten substantiellen Weise anzutreffen, gemäß der sie dem Körper nicht geeint ist, und deswe- 60
gen übt sie, wie gesagt worden ist, gewisse lebendige Handlungen aus, an denen der Körper, nimmt man ihn als Zugrundeliegendes solcher Erleidensakte, keinen Anteil hat.

6. *Eine Einwendung gegen die vorangehenden Ausführun-* 1
   gen und Lösung der Einwendung

(1) Auch bedeutet es kein Hindernis, wenn jemand behaupten wollte: Aufgrund dessen, daß die Seele hinsichtlich der genannten durch Beschaffenheit ausgezeichneten
substantiellen Weise und gemäß gewissen lebendigen Handlungen, von denen die Rede war, nicht mit dem Körper
verbunden ist, ist sie demnach ihnen gemäß abgetrennt und
übt sie auf intellektuelle Weise aus.

(2) Dazu ist zu bemerken, daß nicht alles, was vom Kör- 10
per abgetrennt ist, durch sein Wesen intellektuales Bewußt-
sein oder Intellekt ist, wie bei gewissen abgetrennten Geistern, so bei den Engeln und den Verstandesseelen, die
gemäß ihrer Substanz keine Intellekte sind, offenkundig
ist. Und somit ist es nicht erforderlich, daß die verbundene
Seele die genannten Handlungen auf intellektuelle Weise
ausübt.

1 7. *Ein anderer Beweis dafür, daß der tätige Intellekt innerer begründender Ursprung der Seele ist*

(1) Im Ausgang von der Rede zuvor aber, denn dies hier ist nur beiläufig angeführt worden, ist nun mit einem anderen Beweis zu zeigen, daß der tätige Intellekt begründender Ursprung der Substanz der Verstandesseele ist; der Beweis ist folgender.

(2) Es ist klar, daß sich das Lebende vom Nicht-Lebenden darin unterscheidet, daß es in sich den Ursprung seiner
10 Bewegung besitzt. Andernfalls könnte nicht gesagt werden, die beseelten Dinge lebten mehr als die unbeseelten. Es ist aber der höchste Lebensgrad der Verstandesseele, gemäß dem Intellekt und auf intellektuelle Weise zu leben. Also ist es erforderlich, daß sie in sich den Ursprung dieses Lebens besitzt, der kein anderer als der tätige Intellekt ist, welcher notwendig der Verstandesseele innerlich ist, wenn man von der Verstandesseele sagen muß, daß sie gemäß der intellektuellen Handlung des möglichen Intellekts lebt.

(3) Diese Innerlichkeit aber ist nichts denn substantiel-
20 le Identität. Diese Innerlichkeit nämlich bringt einen Wechselbezug derer mit sich, von denen das eine in dem anderen ist, einen Bezug, der von einer solchen Natur ist, daß es unmöglich ist, daß er auf der einen Seite dieser Sich-Beziehenden an eine Substanz oder das Wesen einer Substanz grenzt, auf der anderen Seite in einem Akzidens gründet. Es wird hier aber über die Innerlichkeit des tätigen Intellekts gehandelt, die ihm durch sein Wesen zukommt. Also wird sie auf der anderen Seite, nämlich auf der Seite der Seele, in der der tätige Intellekt als innerer Ursprung ihres
30 intellektuellen Lebens seinen Sitz hat, auch gemäß dem Wesen zu beobachten sein. Das aber, was so einander innerlich ist, das eine nämlich wesentlich in dem anderen, ist wesentlich identisch. Also ist der tätige Intellekt wesentlich identisch mit dem Wesen der Seele.

(4) Dies hat notwendig auf eine der drei Weisen statt, die oben nach Proklus angeführt worden sind. Entweder nämlich sind sie so wesentlich identisch, daß das Wesen des einen von ihnen gemäß univoker Bestimmtheit das Wesen

des anderen ist, was, wie feststeht, hier nicht der Fall ist,
daß sie so miteinander verbunden sind, daß sie ein einziges 40
Wesen sind, oder der tätige Intellekt ist mit dem Wesen
der Seele durch Teilhabe identisch, so daß er nämlich sein
Wesen von eben der Seele aufgrund von Teilhabe empfängt,
was auch unmöglich ist, denn alles, was so beschaffen ist,
ist auf hervorragendere und vortrefflichere Weise in seinem
Ursprung als in sich selbst, was hier aber nicht anzutreffen
ist. Also ist der tätige Intellekt weder durch univok bestimmtes Wesen mit dem Wesen der Seele identisch, wie
ausgeführt worden ist, noch ist er mit ihm durch Teilhabe
identisch; es bleibt also nur die dritte Weise, die durch Be- 50
gründung.

8. *Es werden die einzelnen Arten von Ursachen durchlau-* 1
fen, und es wird gezeigt, daß er begründender Ursprung
auf die Weise eines Bewirkenden ist, vergleichbar dem
Herzen im Lebewesen, und einem ursprünglichen Wir-
kenden der Ordnung nach untersteht

(1) Es sollen also die einzelnen Arten von Ursachen
durchlaufen werden, und zunächst ist es einleuchtend, daß
er nicht gemäß dem Stoff Ursache ist, daß er nämlich stoff-
licher Ursprung der Seele sein könnte. Dies ist unmittelbar offenkundig.   10
(2) Ebenso ist er nicht gemäß der Form Ursache, ich
meine: gemäß der Ordnung der natürlichen Vorsehung. Er
würde nämlich weder verändernd noch tätig auf das ihm
eigentümliche Zugrundeliegende wirken. Dies nämlich ist
der verbundenen und nicht abgetrennten Form eigentümlich, es sei denn, man wollte einen Einwand in bezug auf
die Himmelskörper, die durch ihre Formen bewegt werden,
vorbringen, daß es abgetrennte Formen sind, nach deren
Beispiel auch der tätige Intellekt, wie man behaupten
könnte, eine abgetrennte Form sein und das ihm eigentüm- 20
liche Zugrundeliegende bewegen könnte.
(3) Dazu aber ist zu sagen, daß der hier in bezug auf die
Form angeführte Gedanke im Bereich der verbundenen

Formen und nicht der abgetrennten Formen Geltung besitzt.

(4) Daß man aber anführt, daß der tätige Intellekt abgetrennte Form genannt werden könnte, darauf ist zu sagen, daß das unmöglich ist. Und das ist offenkundig, denn
wenn man den hinreichenden Aufweis durchläuft, findet
30 sich nirgends, daß es in derselben Gattung, nämlich in der
Gattung der Substanz, für eine Form eine Form gibt. Der
Grund dafür liegt darin, daß alles, was in der Gattung der
Substanz Form eines anderen ist, als Ganzes Wirklichkeit
eines ihm Zugrundeliegenden ist. Also kann jenes in
Rücksicht auf eine andere Form in demselben, in der Gattung der Substanz nämlich, nicht etwa auch in Möglichkeit
sein, da jede substantielle Wirklichkeit der letzte Grad
eines Dinges ist. Über den letzten Grad aber geht nichts
hinaus. Die Seele ist nun die Wirklichkeit des Körpers.
40 Also nimmt sie deshalb in sich keine andere Wirklichkeit
auf, weil sie insofern letzter Grad eines Dinges ist.

(5) Somit also besitzt der tätige Intellekt in Rücksicht
auf die Seele nicht die Bestimmtheit einer Ursache, weder
gemäß dem Stoff noch gemäß der Form, aber auch nicht
gemäß der Bestimmtheit des Zieles, was uns hier genügen
soll. Das Ziel nämlich ist nicht fähig, die Seinsbegründung
eines Dinges zu vollziehen, sondern vermag ein Ding, das
von einem anderen Ursprung oder von einem Ursprung, der
im Vollzug des Ursprung-Seins von anderer Bestimmtheit
50 ist, nämlich einem Ursprung gemäß der Bestimmtheit des
Bewirkenden, bereits begründet ist, nur zu vervollkomm-
nen. Denn das Ziel ist nicht in der Weise das Wesen eines
Dinges, daß es gemäß der Begründung das Ding selbst ist.
Obwohl das Ziel nämlich vortrefflicher ist als das Ding
selbst, für das es Ziel ist, trägt es dennoch gemäß der Bestimmtheit von Ziel nicht zuvor das Wesen eines solchen
Dinges auf vortrefflichere Weise in sich, als dasselbe Ding
in sich selbst ist, was hingegen der bewirkenden Ursache
eigentümlich ist.
60   (6) Es bleibt also übrig, daß unser tätiger Intellekt begründender Ursprung des Wesens der Seele ist, und zwar ist
er in der Weise Ursprung, daß er gemäß der Begründung

mit der Seele selbst identisch und ihr innerlich ist, vergleichbar dem Herzen im Lebewesen.

(7) Zur Erhellung dessen ist in Betracht zu ziehen, daß
bei der Erzeugung eines Lebewesens zuerst vom Erzeugenden Lebensgeister ins Herz geleitet werden und dazu bestimmt werden, für die Erzeugung der anderen Glieder
tauglich zu sein, und so werden unter Vermittlung des
Herzens auf bewirkende Weise die anderen Glieder und das   70
ganze Lebewesen erzeugt, und insofern untersteht das
Herz bei der Erzeugung der anderen Glieder der Ordnung
nach einem Erzeugenden, besonders einem ursprünglichen
Erzeugenden, der wesentliche Ursache ist.

9. *Vergleich des Herzens mit dem Wirkenden als Wirken-*   1
den gemäß ihrem Unterschied; und beiläufig werden der
Unterschied und die Übereinkunft zwischen dem täti-
gen Intellekt und dem Herzen angeführt

(1) Wenn das Herz auch bei der Erzeugung eines Lebewesens an der Kraft eines wirkenden Ursprungs teilhat,
können wir dennoch zwischen ihm und dem Wirkenden als
Wirkenden hinsichtlich dreier Momente einen Unterschied
beobachten: Erstens ist es nicht erforderlich, daß das Wirkende als Wirkendes von einem anderen, einem höheren   10
Ursprung abhängig ist; andernfalls müßte das erste Wirkende auch in einem Abhängigkeitsverhältnis stehen. Das Herz
aber untersteht im Vollzug des Wirkens an sich der Ordnung nach einem höheren und ursprünglichen Wirkenden
und hängt sowohl gemäß seiner Substanz als auch gemäß
seinem Wirken, durch das es Ursprung der anderen Glieder
und des ganzen Lebewesens ist, von ihm ab.

(2) Ferner hängt zweitens das Wirkende als Wirkendes
nicht von dem ab, das von ihm gewirkt wird; andernfalls
müßte das erste Wirkende auch in einem Abhängigkeitsver-   20
hältnis stehen, was uns nicht einsichtig ist. Das Herz aber
hängt gemäß seiner Substanz von dem ab, was von ihm im
Lebewesen bewirkt wird, gleichwie von einer notwendigen
Ursache oder auch von der einfachen Kraft des Erzeugenden.

(3) Drittens unterscheidet sich das Herz vom Wirkenden als Wirkenden dadurch, daß das Wirkende als Wirkendes sein Gewirktes oder das, was von ihm bewirkt wird,
nicht nur der Kraft nach, sondern durch sein Wesen in sich
befassen kann, insofern es das ist, was sein Bewirktes ist,
30   aber gemäß einem anderen Sein; und von der Art ist der
wesentliche Grund, der durch sein Wesen seiende Intellekt.
Das Herz aber befaßt nur der Kraft nach und nicht auf die
genannte Weise durch sein Wesen die anderen Glieder in
sich, und deshalb kann nicht behauptet werden, daß das
Herz die einzelnen Glieder oder das ganze Lebewesen in
Möglichkeit oder durch sein Wesen gemäß einem anderen
Sein eben dieses Lebewesen sei. Und folglich kann nicht
behauptet werden, daß es mit ihm gemäß der Begründung
wesentlich identisch sei.
40   (4) Somit befaßt der tätige Intellekt der Kraft nach die
ganze übrige Substanz der Seele in sich und kommt darin
mit dem Herzen überein. Darüber hinaus aber ist er aufgrund seiner Intellektualität auf die Weise eines wesentlichen Grundes das ganze Wesen der Seele gemäß einem
anderen Sein, und somit ist er gemäß der Begründung nach
der Bestimmtheit eines wirkenden Ursprungs identisch mit
dem Wesen der Seele, wobei er der Ordnung nach einem
ursprünglichen Wirkenden untersteht.

1   10. *Vergleich des tätigen Intellekts mit dem Herzen gemäß ihrer Übereinkunft*

(1) Das also ist es, was oben gesagt worden ist, daß sich
nämlich der tätige Intellekt zum Wesen der Seele wie das
Herz im Lebewesen verhält, denn wie das Herz im Vollzug des Wirkens der Ordnung nach einem ursprünglichen
Wirkenden untersteht und die einzelnen Glieder eines
Lebewesens wirkt, so verhält sich der tätige Intellekt im
Vollzug des Wirkens in Rücksicht auf die Verstandesseele
10   und in Rücksicht auf ein ursprüngliches Wirkendes, unter
dem er der Ordnung nach wirkt und kraft dessen er wirkt,
indem er der Ordnung nach zuerst von ihm hervorgebracht

ist, so daß er insofern der ursprüngliche Teil der Verstandesseele ist. Erstens also kommt der tätige Intellekt mit
dem Herzen darin überein, daß der tätige Intellekt so, wie
das Herz im Vollzug seines Wirkens, über das oben gespro-
chen worden ist, sowohl gemäß seiner Substanz als auch
gemäß seiner Handlung von einem höheren und ursprünglichen Wirkenden abhängig ist, und zwar an sich abhängig
ist, in seinem Begründen gemäß seiner Substanz und seiner   20
Handlung von einem höheren und ursprünglichen Wirkenden abhängt, das ihn und den übrigen Teil der Seele hervorbringt, so daß eben der Intellekt somit im Vollzug des
Wirkens der Ordnung nach einem ursprünglichen Wirkenden untersteht.

(2) Zweitens kommt der tätige Intellekt mit dem Herzen darin überein, daß der tätige Intellekt sich so zur Seele verhält, wie das Herz von dem abhängig ist, für das es
Erzeugungsursprung ist, gemeint ist der ganze übrige Körper, ohne den das Herz weder wäre noch Bestand hätte,   30
weil der Intellekt aufgrund der Notwendigkeit seiner Natur wurzelhafter Ursprung des Wesens der Seele ist und ein
jedes, das aufgrund der Notwendigkeit seiner Natur ein losgelöstes Seiendes, zum Beispiel eine Substanz, wirkt, und
eben diese Substanz einem Zusammenschluß in einer einzigen Ordnung unterliegen, von der beide von ihnen gemäß ihrem Wesen abhängen; und folglich hängen sie wechselseitig voneinander ab.

(3) Drittens kommt der tätige Intellekt mit dem Herzen
darin überein, daß der tätige Intellekt so, wie das Herz der   40
Kraft nach alle Glieder, für die es der Ordnung nach unter
einem ursprünglichen Wirkenden Ursprung ihrer Erzeugung
ist, in sich befaßt und zuvor in sich trägt, nicht nur der
Kraft und dem Vermögen nach das Wesen der Seele zuvor
in sich befaßt, vielmehr selbst gemäß der Begründung mit
dem Wesen der Seele identisch ist, indem er es auf vortrefflichere Weise zuvor in sich trägt und für es begründender
Ursprung ist, der Ordnung nach jedoch unter einem ursprünglichen Wirkenden, das ihn und das Wesen der Seele
zugleich hervorbringt.   50

1　11. *Vergleich des tätigen Intellekts mit der Naturform:*
　　erstens gemäß ihrer Übereinkunft, zweitens gemäß
　　ihrem Unterschied

(1) Obwohl der tätige Intellekt aber mit dem Herzen
verglichen worden ist, wie ausgeführt worden ist, läßt er
sich dennoch, da er nicht Körper ist, treffender mit der Naturform gemäß ihrer Übereinkunft und ihrem Unterschied
vergleichen.

(2) Er kommt also mit der Form darin überein, daß er
10　an sich von einem höheren Ursprung abhängig ist wie eben
die Form auch. Wie die Form ferner an sich von dem abhängt, für das sie Form ist, so der tätige Intellekt vom Wesen der Seele gemäß der Weise, die vorausgeschickt worden
ist. Wie die Form ferner in sich die ganze zusammengesetzte Substanz befaßt, so der tätige Intellekt gewissermaßen das ganze Wesen der Seele und sich selbst.

(3) Er unterscheidet sich aber darin von der Form, daß
er durch sein Wesen in Wirklichkeit seiender Intellekt ist.
Das ist die Form als Form nicht, obwohl gewisse Formen
20　von der Art sind, nämlich die der Himmelskörper. Ferner
befaßt die Form das, für das sie Form ist, in sich im Vollzug des formalen Gestaltens. Der bereits genannte Intellekt
befaßt das Wesen der Seele in sich im Vollzug des Bewir-
kens. Ferner ist die Form insofern die Wirklichkeit des Zusammengesetzten, gemäß der das Zusammengesetzte ein
etwas der Wirklichkeit nach ist, von der sich seine Definition herleitet, die die Washeit eines Dinges, welche eben
die Form ist, anzeigt. Unser tätiger Intellekt aber ist nicht
die Washeit eines Dinges, und nicht ist durch ihn ein Ding
30　ein etwas der Wirklichkeit nach im Sinne der Formbestimmtheit, und nicht läßt sich von ihm die Definition
gewinnen, die die Washeit, welche die Form des zusammengesetzten Dinges ist, anzeigt.

12. *Allgemeines Nachwort zu dem, was über das Bezugs-* 1
verhältnis des tätigen Intellekts zur Seele ausgeführt
worden ist

(1) Es erhellt also aus dem Vorausgeschickten, daß der
tätige Intellekt der Seele innerlicher begründender Ursprung ist, nicht nur hinsichtlich seiner intellektuellen
Handlungen, sondern auch hinsichtlich des Wesens der
Seele, vergleichbar dem Herzen im Lebewesen, der Ordnung nach unter einem höheren und ursprünglichen Wirkenden, wobei er zwischen einem schlechthin Wirkenden 10
und der Form eine Mittelstellung einnimmt und von hier
wie von da an der Eigentümlichkeit beider teilhat.

13. *Daß der tätige Intellekt ein einzelner von einzelnen* 1
und der Zahl nach vereinzelt ist

(1) Von derselben Wurzel oder Grundlage aber läßt sich
herleiten, daß der tätige Intellekt ein einzelner von einzelnen und einer eines jeden ist, gemäß den einzelnen Menschen vermannigfaltigt und der Zahl nach unterschieden.
(2) Wir setzen nämlich voraus, daß das Erkennen in
gewisser Weise, vielmehr in höchster Weise, Leben ist, wie
auch vorausgeschickt worden ist. Das Lebende aber unterscheidet sich vom Nicht-Lebenden dadurch, daß es in sich 10
den Ursprung seiner Bewegung besitzt. Der Ursprung dieses Lebens aber ist der tätige Intellekt, der gemäß dem Philosophen[43] alles zu machen vermag. Also ist der tätige
Intellekt innerer und eigentümlicher Ursprung eines solchen Lebens.
(3) Er wäre aber nicht innerer und folglich auch nicht
eigentümlicher Bewegungsursprung, wenn er mehreren
Einzelwesen gemein wäre, weil er nicht gemäß der Substanz, sondern nur gemäß der Wirkung innerlich wäre, was
jedoch nicht dafür hinreicht, daß etwas Lebensursprung ge- 20
nannt wird und ist. So nämlich könnte man von einem
Maler, der eine Wand bemalt, behaupten, er sei innerer
Ursprung, und von der Wand könnte behauptet werden,

gemäß diesem Bild lebe sie, was unzutreffend ist. Das aber wird bald noch offenkundiger, wenn seine Natur in den Blick genommen wird, in der er sich besondert und sich auf eigentümliche Weise gewissermaßen vereinzelt.

1 14. *Über die Weise der Vereinzelung, wozu vorausge-schickt wird, daß die intellektuellen Wesen zu den kör-perlichen in einem Bezugsverhältnis zueinander stehen gemäß der Ähnlichkeit der Verhältnisgleichheit hin-sichtlich gewisser allgemeiner Weisen des Seienden*

(1) Zur Erhellung dessen ist dies in Betracht zu ziehen, daß diejenigen Wesen, die nicht entstehen und vergehen, und besonders die intellektuellen Wesen gemäß der Ähn-lichkeit der Verhältnisgleichheit in einem Verhältnis zu
10 denjenigen Wesen, die entstehen und vergehen, und beson-ders zu den körperlichen Wesen hinsichtlich gewisser all-gemeiner Weisen des Seienden stehen, welche das Allge-meine, das mehr oder weniger Allgemeine, das Besondere, das Eine und das Viele und ähnliches sind, ferner die Mög-lichkeit, die Wirklichkeit und anderes. Diese steigen von der allgemeinen Bestimmung des Seienden verhältnisgleich auf beide der genannten Arten herab gemäß der Eigentüm-lichkeit eines jeden von denen, die der Beiordnung einer dieser Arten unterliegen.
20 (2) Wie von daher bei den körperlichen Wesen, die ent-stehen und vergehen, Möglichkeit und Wirklichkeit, All-gemeines, mehr und weniger Allgemeines und ähnliches an-zutreffen sind, so findet sich derartiges auch bei den intel-lektuellen Wesen, aber auf umgekehrte Weise. Je mehr nämlich bei den körperlichen Wesen, die entstehen und vergehen, etwas allgemein ist, desto mehr ist es in Möglich-keit, und je mehr es von der Allgemeinheit herabsteigt, desto mehr nähert es sich der Wirklichkeit, wie es bei der Gattung, der Art und dem Einzelwesen offenkundig ist.
30 Bei den abgetrennten Wesen aber verhält es sich umge-kehrt, daß sie nämlich, je allgemeiner sie sind, desto mehr in Wirklichkeit sind und daß sie sich, je mehr sie sich von

der Allgemeinheit entfernen, desto mehr von der Wirklichkeit entfernen und ins mögliche Sein absinken.
(3) Gerade das wird im 'Buch über die Ursachen'[44] im
Kommentar zum 10. Satz angesprochen, daß nämlich die
ersten Intelligenzen allgemeinere Inhalte besitzen und die
zweiten Intelligenzen im Besitz von weniger allgemeinen
Inhalten sind.

15. *Wie gemäß den genannten Weisen die Bestimmung*   1
‚Gattung' im Bereich des Abgetrennten verhältnis-
gleich zu fassen ist

(1) Wenn es also Zustimmung findet, gemäß der Ähnlichkeit der Verhältnisgleichheit im Bereich des Abgetrennten wie in dem des Unteren hier gemäß größerer oder
geringerer Allgemeinheit und Abgehobenheit eine Beiordnung von Gattungen und Arten anzunehmen, wollen wir
sagen, daß die höheren Intellekte, die die Philosophen
Intelligenzen nannten, eine gewisse Beiordnung der Gat-   10
tung dadurch begründen, daß sie unter den geschaffenen
Dingen die höchste Stufe an Abgehobenheit oder Abgetrenntheit und Allgemeinheit einnehmen, indem sie ihr
Wesen von der ersten Ursache hinsichtlich des ersten, einfachsten und allgemeinsten Bedeutungsgehalts, nämlich
des Seins, empfangen, das das erste Ziel der Schöpfung ist,
wie es im 'Buch über die Ursachen'[45] heißt, daß nämlich
das erste der geschaffenen Dinge das Sein ist. Aber obwohl
eben dieses Sein in seiner Reinheit und völligen Einfachheit allein der ersten und höchsten Intelligenz zukommt,   20
bestimmt sich eben dieses Sein nichtsdestoweniger zu verschiedenen substantiellen Weisen, gemäß denen es im Sinne
der Formbestimmtheit die Intelligenzen von niederem
Rang begründet, und auf diese Weise bleibt eben dieses
Sein, das sich zu verschiedenen Intelligenzen bestimmt hat,
nichtsdestoweniger so allgemein, daß es durch Zueignung
von jener ganzen Gattung der Substanzen, die wir Intelligenzen nennen, ausgesagt wird, daß sie nämlich aus der ersten Ursache gemäß dem Sein hervorgeht, so daß wir auf

30 diese Weise die Bestimmung ‚Gattung' im Bereich des Abgetrennten begründen.

(2) Der Bestimmung ‚Art' aber bedienen wir uns bei
den verschränkteren Intellekten, nämlich bei den Formen
und Intellekten, die die Himmelskörper bewegen, verschränkt, so meine ich, nicht gemäß dem Umfang ihrer
Erkenntnis — was auch immer nämlich die höchste Intelligenz erkennt, erkennen alle abgetrennten Intellekte —,
sondern ich will die verschränkteren Intellekte hinsichtlich
der Einfachheit, der Reinheit des Wesens und der Vor-
40 trefflichkeit verstanden wissen, wovon sich die genannten
Intellekte nur entfernen, weil sie sich zur Vervollkommnung
ihres Wesens auch mit Körpern, für die sie Formen sind,
einen und auf substantielle Weise von ihnen gemäß dem
Sein abhängen wie die Form von dem ihr eigentümlichen
Zugrundeliegenden.

1 16. *Wie im Bereich des Abgetrennten die Bestimmung*
‚Art' anzunehmen ist

(1) Wie wir uns aber bei den höchsten Intellekten gemäß dem ersten und einfachsten aller Bedeutungsgehalte
des Seienden, nämlich gemäß dem Sein, der Bestimmung
‚Gattung' bedient haben, so ist die Bestimmung ‚Art' gemäß einem gewissen verschränkteren und weniger einfachen Bedeutungsgehalt bei dem anzunehmen, was tiefer
folgt, nämlich bei den Intellekten, die die Himmel bewe-
10 gen, und dieser Bedeutungsgehalt ist das Lebende als Lebendes. Bei ihnen nämlich ist zuerst die Bestimmung ‚Leben' hinsichtlich des Bewegenden und Bewegten anzutreffen, und deswegen ist dieser formale Bedeutungsgehalt an
zweiter Stelle und unmittelbar nach dem ersten aller Bedeutungsgehalte, nämlich dem Seienden selbst, anzusetzen,
dem dann das Lebende beigeordnet wird.

17. Wie die Eigentümlichkeit des Einzelwesens im Bereich   1
des Abgetrennten, nämlich beim tätigen Intellekt, in
Betracht zu ziehen ist

(1) An die dritte Stelle wird im Anfang des 'Buches
über die Ursachen'[46] das Verständige gesetzt, nämlich
Seiendes, Lebendes und Verständiges, als seien dies die drei
Bedeutungsgehalte, gemäß denen die Intellekte der Ordnung nach aus Gott fließen und auf ihre Weise drei Arten
von Seienden im Bereich des Abgetrennten begründen,
nämlich Gattung, Art und Einzelwesen, so daß wir so, wie   10
wir uns bei den höchsten Intellekten, die wir Intelligenzen
nennen, auf ihre Weise der Bestimmung ‚Gattung' gemäß
dem ersten und einfachsten aller Bedeutungsgehalte, nämlich gemäß dem Sein selbst, bedienen und folglich der Bestimmung ‚Art' bei den Intellekten, die tiefer gemäß der
Bestimmung eines bestimmteren Bedeutungsgehalts, nämlich gemäß der Bestimmung ‚Lebendes', wie zuvor bemerkt
worden ist, folgen, auch die Eigentümlichkeit und Bestimmung des Einzelwesens bei den niedrigsten Intellekten gemäß dem bestimmtesten Bedeutungsgehalt annehmen,   20
dem, so meine ich, bestimmtesten im Bereich des Intellektuellen, den der Verfasser des 'Buches über die Ursachen' im Kommentar[47] Verständiges nennt, wobei er ihn
tiefer und an dritter Stelle dem Seienden und dem Lebenden beiordnet, wie oben gesagt worden ist.
(2) Daß aber gemäß einem solchen Bedeutungsgehalt
die Bestimmung des Einzelwesens im Bereich des Intellektuellen treffend Verwendung findet, erhellt daraus, daß das
Verständige eine gewisse Verstreutes durchlaufende Erkenntnis mit sich bringt, die deshalb unmöglich bei einem   30
Intellekt, der die Bestimmung und die Eigentümlichkeit
der Art besitzt, anzutreffen ist, weil sich ein derartiger
Intellekt immer auf dieselbe Weise ohne ein Verstreutes-
Durchlaufen verhält. Also ist sie nur in dem anzutreffen, in
welches die Bestimmung und die Eigentümlichkeit des Einzelwesens besitzt.
(3) Dieser Verstreutes durchlaufenden Erkenntnis aber
steht im Menschen eben der tätige Intellekt nicht nur hin-

sichtlich dessen vor, daß er bestimmter innerer Ursprung
40 der durch Vereinzelung ausgezeichneten Substanz der Seele ist, sondern auch ihrer Verstandeserkenntnis, und so ist
er ein Bestimmtestes in der Ordnung des Intellektuellen
gemäß dem bestimmtesten Bedeutungsgehalt dieser Gattung, nämlich dem Verständigen. Eine größere Bestimmung als die zur Art ist nur die zum Einzelwesen.

(4) Und so besitzt der tätige Intellekt gemäß seiner Substanz in der Gattung des Intellektuellen die Bestimmung
des Einzelwesens, obwohl sich eine solche Vereinzelung gemäß der ihr eigentümlichen Bestimmtheit, die hier hinrei-
50 chen soll, äquivok zu jener verhält, die im Bereich des Körperlichen zu beobachten ist und die gemäß den Teilen, welche nach dem Ganzen sind, anzunehmen ist.

1 18. *Wie dem tätigen Intellekt auch eine allgemeine Weise
von Vereinzelung zukommt, die gemäß den Teilen zu
beobachten ist*

(1) Aber auch diese Weise von Vereinzelung, die gemäß
den Teilen zu beobachten ist, fehlt diesem Intellekt nicht.

(2) Jedes Seiende nämlich, das durch sein Wesen ein
Eines ist und Teile, die später als das Ganze sind, besitzt,
ist wahrhaft ein Einzelwesen. Aus dem tätigen Intellekt
und der Substanz der Seele aber bildet sich ein Seiendes,
10 das durch sein Wesen ein Eines ist, wie dem Vorausgeschickten zu entnehmen ist, und es steht fest, daß jenes
eine Seiende Teile, die später als das Ganze sind, besitzt.
Also ist das Ganze selbst wahrhaft ein Einzelwesen und der
Intellekt einer von einem, gemäß der Vielheit der Menschen der Zahl nach unterschieden.

(3) Die genannten Teile der Seele aber sind nicht der
Größe, sondern der Beschaffenheit nach substantielle, wie
sich auch dem Vorausgeschickten entnehmen läßt.

19. *Klärung der letzten Aussage, wie nämlich eine allgemei-*   1
ne Weise von Vereinzelung dem tätigen Intellekt zukommt

(1) Bezüglich dessen aber ist darüber hinaus in Betracht
zu ziehen, daß im Bereich der wesentlichen Wirkursachen
ein zweifacher Unterschied begegnet.

(2) Es ist nun beiden Arten gemein, daß sie ihr Verursachtes zuvor in sich tragen, dennoch aber auf unterschiedliche Weise. Es gibt nämlich gewisse Wirkursachen, die gemäß ihrem Wesen von ihrem Verursachten gänzlich abgetrennt sind, und derartige Wirkursachen tragen ihr Verur-   10
sachtes auf höhere und vortrefflichere Weise, als eben das
Verursachte in sich selbst ist, zuvor in sich; so nahmen es
die Philosophen von den Intelligenzen an in Rücksicht auf
diejenigen Seienden, die tiefer folgen, und von den Him-
melsbewegern in Rücksicht auf das, was ihnen folgt und für
das sie Ursache sind, nämlich für das, was entsteht und vergeht, dies gemäß dem, daß alle Formen, die im Stoff in
Möglichkeit sind, in Wirklichkeit im Himmelsbeweger
sind. Und derartige Ursachen eignen sich aufgrund ihrer
Abgetrenntheit die Bedingungen ihres Verursachten nicht   20
gemäß univoker Bestimmtheit zu.

(3) Es gibt eine andere Art wesentlicher Wirkursachen,
die ihr Verursachtes zuvor in sich tragen, nicht jedoch wie
die bereits genannten Wirkursachen, weil diese, über die
nun gehandelt wird, Gründe sind, die mit dem, für das sie
Gründe sind, verbunden sind. Und deswegen eignen sich
aufgrund einer solchen Verbindung, die eine wesentliche
ist, derartige Gründe die Bedingungen ihres Begründeten in
der Weise zu, daß derartige Bedingungen dem Anfang nach
in einem solchen Grund sind, der Verfaßtheit nach in der   30
verbundenen Wirkung sind und der Vollendung nach im
ganzen Verbundenen sind, wie die zusammengefaßte Einheit des Menschen dem Anfang nach in der Seele ist, der
Verfaßtheit nach im Körper ist und der Vollendung nach
im ganzen Verbundenen ist. Denn wir sagen, daß der ganze
Mensch von einer solchen oder solchen zusammengefaßten
Einheit ist. Noch viele andere Beispiele lassen sich finden,
um das Beweisziel zu erhellen. Und so verhält sich der tä-

tige Intellekt zur Seele, nämlich daß in ihm die Eigentüm-
40 lichkeit der Vereinzelung dem Anfang nach ist, im Wesen
der Seele der Verfaßtheit nach ist und im ganzen Verbundenen der Vollendung nach deshalb ist, weil daraus, nämlich aus dem Intellekt und dem Wesen der Seele, ein Seiendes, das durch sein Wesen ein Eines ist, besteht.
(4) Somit ist also offenkundig, daß der tätige Intellekt
ein einzelner in einzelnen Menschen ist und gemäß deren
zahlenmäßiger Unterschiedenheit der Zahl nach zu unterscheiden ist und wahrhaft ein Einzelwesen ist, was aus
einer eigentümlichen Begründung weiter unten erhellt,
50 ganz besonders am Ende des nächsten Schlusses.

1 *20. Über den Vergleich der Intellekte miteinander gemäß*
größerer oder geringerer Vortrefflichkeit; dem wird vor-
ausgeschickt, worin die Vollkommenheit des Alls besteht

(1) Ob aber einer höher und vortrefflicher ist als ein
anderer, das ist nun zu erforschen.
(2) Bezüglich dessen ist zuerst das in Betracht zu ziehen, was Augustin im III. Buch seiner Schrift 'Über den
freien Willen', Kap. 3 oder 13[48] der kleinen Kapitelzählung
nach, bemerkt: Man muß zugeben, daß Gott alles das ge-
10 macht hat, was aufgrund richtiger Begründung anzunehmen ist. Es ist aber ein vernünftig begründbarer Gedanke,
daß Gottes Werke vollkommen sind, wie auch die Schrift
im *Deuteronomium*, Kap. 32[45], bemerkt. Von daher muß
man sagen, daß dieses All von Gott als ein in allen Hinsichten vollkommenes eingerichtet worden ist.
(3) Seine Vollkommenheit besteht aber hauptsächlich
in der Zahl und der Ordnung der Arten des Seienden, die
gemäß der Wirklichkeit sind und die auch an sich im All
anzutreffen sind. Überdies ist das All gemäß seiner Sub-
20 stanz endlich. Also ist es auch in seinen Teilen, aus denen
es gemäß der Wirklichkeit besteht, der Zahl nach endlich,
wie der Philosoph im I. Buch der 'Physik'[50] gegen Anaxa-
goras bemerkt, der annahm, ein endliches Ding bestehe aus
der Wirklichkeit nach Unendlichem. Also besitzen wir eine

bestimmte Anzahl, die an sich ist und gemäß der die verschiedenen Arten der Seienden im All eingesetzt sind.

(4) Aber auch eine Ordnung ist bei den Arten hinsichtlich verschiedener Stufen des Abstandes vom ersten Ursprung in der Weise zu beobachten, daß eine jede von
ihnen auf einer eigenen Stufe steht, die sie nicht mit einer 30
anderen teilt. Und dies kommt einer jeden auch an sich zu,
wie Boethius in der Schrift 'Über den Trost', Buch IV,
Prosa 2[51], bemerkt, daß das Seiende das ist, was die Ordnung festhält und die Natur bewahrt, insofern das Seiende,
besonders das der Art nach, wenn es von seiner Ordnung
abfällt, auch das Sein, das in seiner Natur beschlossen liegt,
im Stich läßt, wie Boethius ebenda[52] sagt. Und dieser Rang
innerhalb einer solchen Ordnung kann nicht mit einer
anderen geteilt werden, wie bemerkt worden ist. Der
Grund dafür liegt darin, daß eine jede Art das, was ihrer 40
Artbestimmtheit zugehört, in der Weise zu einer gewissen
Einheit zusammenschließt, daß solches nicht in einer anderen Art angetroffen werden kann. Das hätte nämlich zur
Folge, daß es mehrere Arten von einer einzigen Bestimmtheit gäbe, daß es zum Beispiel mehrere Arten des Menschen gäbe, von denen eine jede gemäß univoker Bestimmtheit Mensch wäre, was widersinnig ist.

(5) Gemäß diesen Ausführungen sind die Arten, aus
denen sich dieses All zusammenschließt, nicht nur von bestimmter Zahl an sich, sondern es ist bei ihnen auch eine 50
Ordnung gemäß verschiedenen Stufen an Vortrefflichkeit
und natürlicher Vollkommenheit hinsichtlich ihrer Artbestimmtheit zu beobachten, gemäß der sie miteinander vergleichbar sind und eine einer anderen gegenüber als vortrefflichere anzutreffen ist.

(6) Mit den Einzelwesen verhält es sich aber nicht so,
weil die Einzelwesen auf akzidentelle Weise in der Natur
anzutreffen sind. Von daher lassen sie sich, wenn sie gemäß verschiedenen Stufen an Vortrefflichkeit und Vollkommenheit — sollten sie vielleicht bei ihnen anzutreffen 60
sein, wie bei gewissen augenscheinlich ist — miteinander
verglichen werden, innerhalb derselben Art nicht gemäß
der Artbestimmtheit, sondern nur der Vereinzelung nach

vergleichen, nämlich gemäß den ihre Vereinzelung bewirkenden Bedingungen.

1   21. *Gemäß dem Vorausgeschickten wird zum Beweisziel*
fortgegangen, wo über eine zweifache Weise des Un
endlichen gehandelt wird und über einen zweifachen
Vergleich dessen, was unendlich ist, miteinander

(1) Und so ist das Nachdenken aufmerksam auf den tätigen Intellekt zu lenken, von dem oben gezeigt worden ist, daß er ein gewisses Einzelwesen und ein einzelner von einzelnen Menschen ist.

(2) Also findet er sich insofern hinsichtlich der Ord
10 nung und des Laufs der Natur auf akzidentelle Weise im Sein, und so unterliegt er nicht einer bestimmten Zahl, die an sich in diesem All ist, und er wäre gemäß derjenigen Weise des Unendlichen, die der Teilung eines Fortlaufenden zukommt, ins Unendliche vervielfachbar. Und wie er nicht einer bestimmten Zahl an sich unterliegt, wie gesagt worden ist, so ist er auch nicht einer Ordnung an sich unterworfen, sondern wie er sich gemäß seiner Substanz in der Natur auf akzidentelle Weise findet, so besitzt er auch auf akzidentelle Weise eine Hinordnung auf jegli
20 chen anderen Intellekt derselben Art.

(3) Was aber so miteinander verglichen wird, wird nicht gemäß den ihm eigenen Artbestimmtheiten verglichen, sondern der Vereinzelung nach. Dieser Vergleich läßt deshalb Gleichförmigkeit und Gleichheit im Verglichenen zu, weil das Einzelwesen als Einzelwesen nicht jede die Vereinzelung bewirkende Vollkommenheit auf sich und auf die Einheit seiner Substanz versammelt, ohne daß sie sich nicht auch in einem anderen Einzelwesen antreffen ließe. Auch läßt ein solcher Vergleich Über- und Unterordnung
30 hinsichtlich eines unterschiedlichen Ranges an Vortrefflichkeit und natürlicher Vollkommenheit zu, so daß eines vortrefflicher und vollkommener ist als ein anderes. Von daher gibt es keinen zwingenden Grund zu sagen, alle tätigen Intellekte seien in ihrer natürlichen Vollkommenheit und

Vortrefflichkeit einander gleich. Und ähnlich gibt es kein
zwingendes Argument, daß diese einzelnen, mit einzelnen
verglichen, es erlauben, daß unter ihnen Stufen an Vortrefflichkeit und natürlicher Vollkommenheit gemäß Über-
und Unterordnung anzutreffen sind, so daß sie, welche
zwei auch immer es sein mögen, die von denen, die wie   40
gesagt ins Unendliche vervielfachbar sind, miteinander verglichen werden, so beschaffen sind, daß einer notwendig
vortrefflicher und vollkommener als ein anderer ist, denn
obwohl das Unendliche, wie es sich hier findet, den betreffenden Vergleich gemäß Gleichförmigkeit oder Gleichheit
zuläßt, daß nämlich alle Intellekte einander gleich wären,
wenn die Natur dies bewirkt hätte, auch wenn eine solche
Vermannigfaltigung ins Unendliche ginge, läßt es dennoch
nicht jenen Vergleich zu, der auf Über- und Unterordnung
geht, weil ein solcher Vergleich notwendig zwei äußerste   50
Grenzpunkte erfordert, zwischen denen ein solcher Vergleich derer zu beobachten ist, die miteinander gemäß dem
Abstand von einem dieser Grenzpunkte verglichen werden.
Auch ist keine Ordnung unter Seienden oder kein Vergleichen zwischen ihnen gemäß Über- und Unterordnung
denkbar, es sei denn gemäß der Weise, die angesprochen
worden ist, wie bei jeder Art von Seienden offenkundig ist,
die auf diese Weise, nämlich gemäß Über- und Unterordnung, miteinander verglichen und einander zugeordnet
werden.   60

22. *Als Ergänzung wird ausgeführt, an welche zweifache*   1
   Weise sich die göttliche Weisheit bei der Hervorbrin-
   gung der Intellekte hielt

(1) Und deswegen ist es ein vernünftiger Gedanke, daß
die göttliche Weisheit beide dieser Ordnungen, gemäß denen ein zweifacher Vergleich der Intellekte miteinander an-
gestellt werden kann, hervorgebracht hat, eine nämlich im
Bereich der abgetrennten Geister, die wir Engel nennen,
nämlich diejenige, die auf Über- und Unterordnung geht.
All diese brachte die göttliche Weisheit auf ein Mal hervor, 10

weil es keinen Grund gab, daß nach Hervorbringung gewisser mit der Hervorbringung anderer hätte gezögert werden sollen. Und nachdem alle auf ein Mal hervorgebracht
worden waren, vereinigte die Art der Engel auf sich jeden
Rang von Über- und Unterordnung, der den Einzelwesen
jener Art zukam, welche Rangstufen, wie gesagt worden
ist, nicht ins Unendliche gehen.

(2) Eine andere Ordnung und einen anderen Vergleich
können wir im Bereich der Einzelwesen der menschlichen
20 Art beobachten, diejenige nämlich, die das Unendliche zuläßt und die auf Gleichförmigkeit oder auf Gleichheit
geht, jedoch unter Bewahrung des einzigartigen Vorrechts
gewisser mit Vorrechten ausgestatteter Personen wie Chri-
stus, die gepriesene Jungfrau und vielleicht gewisse andere,
die so, wie sie in den Vorrechten der Gnade hervorstachen,
vielleicht auch in ihrer intellektuellen Natur andere über-
ragten. Nicht jedoch gemäß dem Lauf der gewöhnlichen
Natur, sondern aufgrund des einzigartigen Geschenks der
Gnade in Hinordnung auf das übernatürliche Ziel bewahrte
30 Gott dieses Vorrecht für sie und übertrug es ihnen, bei dem
kein Wort unmöglich ist.

1 *23. Daß der tätige Intellekt in den Engeln vortrefflicher ist
als in den Menschen*

(1) Und weil der tätige Intellekt als solcher innerhalb
der Ordnung der Intellekte ein Einzelwesen ist und innerer
Ursprung derjenigen Substanz, der es zukommt, einen solchen Intellekt zu besitzen, ist, vergleichbar dem Herzen im
Lebewesen, sei es im Bereich der abgetrennten Geister, sei
es in dem der Menschen, und das wird weiter unten noch
besser klar, ist in Betracht zu ziehen, daß der tätige Intel-
10 lekt hinsichtlich der menschlichen Art tiefer steht als
jener tätige Intellekt, den die abgetrennten Geister, die
wir Engel nennen, besitzen, was aus der Wirkung beider
erhellt. Jener nämlich, der bei den abgetrennten Geistern
begegnet, ist begründender Ursprung einer vortrefflicheren
Substanz und deren Handlung als jener, den die Menschen

besitzen. Von daher lassen sich auch jene vortrefflicher
miteinander vergleichen als diese, weil jene sich miteinander auf jene Weise vergleichen lassen, die hinsichtlich Über-
und Unterordnung zu beobachten ist, wie wenn ein jedes
Einzelwesen auf sich alles das versammelt und vereint, was   20
seiner Vollkommenheit zugehört, die es mit keinem anderen Einzelwesen teilt, und das heißt: alles an Vollkommenheit und Vortrefflichkeit. Eine geeinte Kraft nämlich ist
wirksamer und vortrefflicher als jene, die auf Verschiedenes verstreut ist.

24. *Ein beiläufiger Gedanke: ob sich alle Engel der Art*   1
    nach unterscheiden oder in ihr übereinkommen, und
    zuerst wird die Meinung des Damaszeners mit ihrer
    Begründung vorgestellt

(1) Ob aber alle Engel einer Art zugehören, wie dies bei
den Menschen anzutreffen ist, ist bei den Scholastikern
eine ernste Frage.

(2) Johannes von Damaskus redet in seiner Schrift 'Über
die zwei Naturen und die eine Wesenheit Christi'[53] über
diesen Stoff und spricht so von den Engeln: Nicht nur ge-   10
mäß einer jeden Ordnung der Engelskräfte schuf er unterschiedliche Wesenheiten, sondern auch gemäß einer jeden
Art, damit sie, die miteinander in der Natur übereinkommen, sich jedenfalls miteinander freuen, aufgrund natürlichen Bezugsverhältnisses sich sorgen und eng einander zugeordnet sind. Er hatte aber ebenda[54] die Weise der Unterscheidung von Dingen durch Arten und Einzelwesen vorausgeschickt und die Begründung vom Ziel her genommen,
welches bedeutet: Gott kennen, sich ihm einen und gott-
förmig handeln.   20

(3) Er scheint nun zu sagen, daß er gemäß einer jeden
Ordnung verschiedene Arten und gemäß einer jeden Art
verschiedene Einzelwesen in der Weise geschaffen hat, daß
eine jede Ordnung sich von der anderen der Art nach unterscheidet und in einer jeden Art mehrere Einzelwesen
enthalten sind.

1 25. *Die Auflösung der Begründung des Damasceners; der
     Gehalt seiner Begründungen wird aufgezeigt*

(1) Die Begründung aber, die er anführt, schließt, obwohl sie eine bestimmte Wahrscheinlichkeit für sich hat,
dennoch keine Notwendigkeit ein, um das Beweisziel zu
folgern, da das Moment der Unterscheidung der Dinge nach
Art und Einzelwesen gemäß einem dem Ding innerlichen
Formalen zu beobachten ist, wodurch es auf die Art hingeordnet wird oder wodurch es ein Einzelwesen ist, nicht
10 jedoch gemäß einem Äußerlichen, von welcher Art das
Ziel ist, es sei denn der Folgerichtigkeit nach.
(2) Obwohl außerdem die Ziele, gemäß denen sich, wie
er behauptet, Arten und Einzelwesen unterscheiden, der
Wahrscheinlichkeit nach auf die genannte Weise, nämlich
der Folgerichtigkeit nach, aufrechterhalten werden können, reichen sie hier der Wahrheit nach dennoch nicht hin.
Denn Menschen und Engel kommen in jenem einen Ziel,
welches er ,,Gott kennen'' nennt, überein, besonders im
zukünftigen Leben. Dies hätte zur Folge, daß Mensch und
20 Engel einer einzigen Art zugehörten.
(3) Ferner würde hinsichtlich des anderen Zieles, das er
vorbringt, nämlich in Hinsicht auf die Einung mit Gott,
folgen, daß der Mensch der Art nach vortrefflicher wäre als
der Engel. Nirgends nämlich nimmt Gott die Engel auf,
sondern, so der Apostel[55], den Samen Abrahams.
(4) In Hinsicht auf das dritte Ziel aber, das er gottförmige Handlung nennt, scheint es, daß sich dies eher auf
die Pflicht als auf die Natur bezieht, wenn wir über die
Engel und die Menschen sprechen, es sei denn, daß es sich
30 der Folgerichtigkeit nach anders verhält, daß er nämlich
jene, die er im Bereich einer hervorragenderen Natur schuf,
folglich auch der Ordnung nach im Bereich einer hervorragenderen und gottförmigeren Pflicht ansiedelte. Das hin-
dert aber nicht, daß solche Substanzen zusammen mit anderen, die sich im Bereich geringerer Pflichten finden, derselben Art zugehören.
(5) Überdies hat die Begründung, die er anführt, daß unter eine Art mehrere Einzelwesen zu befassen sind, weil

nämlich diejenigen, die in einer von der Art her bestimmten Natur übereinkommen, in einem engeren Berührungs- 40
verhältnis zueinander stehen, auch in allen Ordnungen Geltung, daß es nämlich zutreffend ist, daß sie in der Weise
eng einander zugeordnet sind. Also ist es keine unzutreffende Behauptung, daß die Geister aller Ordnungen in der
Art übereinkommen und sich der Vereinzelung nach voneinander unterscheiden.

26. *Die Meinung derer, die behaupten, daß sich alle Engel* 1
der Art nach unterscheiden, mit ihrer Begründung und
der Auflösung ihrer Begründung

(1) Es gibt aber Leute⁵⁶, die sie der Art nach in der Weise voneinander unterscheiden wollen, daß ein jeder Engel
wegen seiner Stofflosigkeit in seiner Art, die ihm eigentümlich ist, Bestand hat. Der Stoff nämlich ist nach ihnen der
Ursprung der Vereinzelung.
 (2) Dies aber ist eine Behauptung, die nicht hinreichend
ist. Obwohl sich nämlich bei allem, bei dem Stoff anzutref- 10
fen ist, die Eigentümlichkeit der Vereinzelung vorfindet, so
ist der Stoff dennoch nicht in der Weise Ursprung der Vereinzelung, daß Einzelwesen allein jene sind, bei denen
Stoff anzutreffen ist. Auch ist dies, daß es aus Stoff besteht, nicht der Bestimmungsgrund, wodurch einiges
gleichsam der Form nach Einzelwesen genannt wird. Es
ist nämlich ein Unterschied zu behaupten, etwas sei Ursprung der Vereinzelung und etwas sei der Bestimmungsgrund, wodurch es Einzelwesen ist, wie es der Philosoph
im VII. Buch⁵⁷ abhandelt, wo er bemerkt, daß der Halb- 20
kreis nicht Teil eines Kreises, sondern dieses Kreises ist,
der spitze Winkel nicht Teil eines rechten, sondern dieses
rechten ist und Hand, Fuß, Kopf nicht Teile des Menschen, sondern des Kallias, das heißt dieses Menschen, sind,
und im VI. Buch⁵⁸, daß ein Vers von sechs Füßen nicht aus
zwei mal drei, sondern aus einmal sechs Füßen besteht.
 (3) Aus all dem entnehmen wir, daß der Bestimmungsgrund der Vereinzelung darin besteht, Teile nach dem Gan-

zen zu besitzen, die nicht in die Definition eines Dinges
30 eingehen, sondern nur jene Teile, die vor dem Ganzen sind,
gehen in die Definition ein, wie er dort[59] zeigt. Und so ist
es möglich, daß es nicht nur im Bereich des Körperlichen,
sondern auch des Geistigen Einzelwesen gibt und sie sich
der Vereinzelung nach unter einer Art in der Weise unterscheiden, wie dort die Art anzutreffen ist. Der Engel und
die Seele besitzen nämlich Teile, die später als das Ganze
sind, wenn auch nicht durch Größe, so doch durch Beschaffenheit ausgezeichnete Teile gemäß der Weise ihrer
Substanz, die nicht durch körperliche Größe der Größe
40 nach bestimmt ist, Teile, gemäß denen sie die ihnen eigentümlichen Handlungen vollziehen, die notwendig auf verschiedene substantielle Ursprünge, nicht nur auf verschiedene Vermögen, wie sich jemand einbilden könnte, zurückzuführen sind. Es gibt nämlich wirkende Vermögen und erleidende Vermögen, die entgegengesetzten Bestimmungen
unterliegen und die notwendig auf verschiedene Ursprünge ihrer Substanz zurückzuführen sind. So ist es auch bei
eben den wirkenden Vermögen und den erleidenden Vermögen leicht, bei einer jeden Art von ihnen eine solche
50 Verschiedenheit, die eine Verschiedenheit der Ursprünge
in der Substanz erfordert, festzustellen, wie auch oben in
bezug auf die Verstandesseele nach den Worten und der
Ansicht Augustins gezeigt worden ist.
(4) Damit genug von den geistigen Substanzen!

1 27. *Der eigentümliche Bestimmungsgrund der Vereinzelung des tätigen Intellekts; beachte dort den Unterschied bei dem, was die Einzelwesen zum Wesen eines
Dinges hinzufügen*

(1) Ferner ist in bezug auf die Intellekte, von denen
oben gezeigt worden ist, daß sie vereinzelt sind und jeweils
einzelnen zugehören, sei es Menschen, sei es Engeln, das
jetzt auch aufgrund des ihnen eigentümlichen Bestimmungsgrundes an ihnen selbst in Betracht zu ziehen, nicht
10 nur, insofern der einzelne Intellekt gemäß der oben zum

Ausdruck gebrachten Weise wesentlich mit dem Wesen der
Seele oder des Engels ein einziges Seiendes ist.

(2) Dabei ist zu beachten, daß das Einzelwesen als
Einzelwesen aufgrund von Hinzufügung in Beziehung zum
Wesen steht, insofern Wesen unter dem Gesichtspunkt
der Art genommen wird, und nichtsdestoweniger das ganze Wesen mit sich bringt. Das aber geschieht auf zweifache Weise: einerseits, daß jenes, was durch das Einzelwesen hinzugefügt wird, gewisse losgelöste Dinge sind, die auf
losgelöste Weise die Bestimmtheit von Teilen besitzen, wie 20
Hand, Fuß, Kopf und anderes ähnliches, und solche Teile
sind gemäß dem Philosophen im VII. Buch der 'Metaphysik'[60] nach dem Ganzen und gehen nicht in die Definition
ein, sondern nur jene, die vor dem Ganzen sind, wie Lebewesen, verstandesbegabt und ähnliche. Und dies ist die eine
Weise, wie die Art so zum Einzelwesen bestimmt wird,
daß ein solches Einzelwesen trotz der Tatsache, daß es aufgrund von Hinzufügung in Beziehung zum Wesen steht, wegen solcher Teile das ganze Wesen eines Dinges meint.

(3) Auf eine andere Weise geschieht es, daß ein Wesen 30
nicht gemäß einem realen Losgelösten, das das Einzelwesen zum Wesen hinzufügt, zum Einzelwesen bestimmt
wird, sondern gemäß gewisser realer, natürlicher Bezüge,
die in einer solchen Natur vollkommen die Stelle der Teile
vertreten. Ich sage aber ,reale, natürliche' im Unterschied
zu denjenigen Bezügen, die der Verstand einem Ding bestimmend zuerkennt, wie es das Gleiche, das Ungleiche,
das Ähnliche, das Unähnliche und anderes ähnliches sind,
die der Verstand einem Ding bestimmend zuerkennt, wie
anderswo[61] gezeigt worden ist, vielmehr sage ich ,reale, 40
natürliche', weil sie auf reale Weise von der Natur und in
der Natur eines Dinges sind, von welcher Art die Neigung
des Steines nach unten, die des Feuers nach oben, die
Vermögen des Wirkenden und des Erleidenden und anderes sind. Derartige reale, natürliche Bezüge aber sind in jedem tätigen Intellekt gemäß seiner Natur anzutreffen,
durch die er sich einer geistigen Substanz gemäß den verschiedenen durch Beschaffenheit ausgezeichneten Teilen
eben dieser Substanz, die sie besitzt, zu einen vermag, wie

50 oben gesagt worden ist. Eine derartige Einung aber entspricht nicht der der Form mit dem Stoff, sondern der
eines eigentümlichen Wirkenden, das innerer begründender
Ursprung einer solchen Substanz ist, freilich der Ordnung
nach unter einem ursprünglichen Wirkenden, vergleichbar
dem Herzen im Lebewesen. Und aufgrund solcher Bezüge,
die beim tätigen Intellekt in Hinordnung auf eine vereinzelte Substanz zu beobachten sind, vereinzelt sich eben der
Intellekt. Und wie bei der anderen Art von Einzelwesen gesagt worden ist, daß sie dadurch, daß sie Teile, die nach
60 dem Ganzen sind, besitzen, Einzelwesen sind, so verhält
es sich auch auf eigentümliche Weise hinsichtlich der genannten Bezüge, die später als das Ganze sind, beim Intellekt, der auf ähnliche Weise dadurch, daß er diese auch besitzt, vereinzelt ist. Und gemäß einem jeden von ihnen
bringt ein solcher Intellekt das ganze Wesen mit sich.

(4) Er unterscheidet sich von jenen Einzelwesen, die
dadurch, daß sie Teile besitzen, vereinzelt sind, darin, daß
ein Einzelwesen das ganze Wesen, dem das Einzelwesen
zugehört, nur gemäß allen solchen im Bereich der Körper
70 zugleich genommenen Teilen mit sich bringt. Im Bereich
der Geistwesen aber bringt jeder Teil das ganze Wesen mit
sich. So ist in jedem Teil das ganze Wesen anzutreffen, und
zwar wegen der Einfachheit einer solchen geistigen Substanz. Und daraus läßt sich die Begründung für das, was
auch eine wahrhafte Aussage darstellt, herleiten, daß die
ganze Seele in der Weise im ganzen Körper ist, daß sie in
einem jeden Teil des Körpers ganz ist.

1 28. *Ein bezüglich der vorangehenden Ausführungen als*
Einwendung dienendes Problem, und zwar betrifft
es die Ewigkeit der Welt, mit seinen Begründungen

(1) Gemäß den vorangehenden Ausführungen aber
bleibt noch ein schwerwiegendes und Bedenken erwek-
kendes Problem für die, die behaupten, daß Gott, wenn er
gewollt hätte, es vermocht hätte, die Welt nach allen ihren
Arten gemäß diesem natürlichen Lauf, den wir in den Din-

gen sehen, von Ewigkeit hervorzubringen. Denn wenn dies
möglich gewesen wäre, könnte es im Sein angenommen 10
werden. Also gingen unendlich viele Menschen denen, die
jetzt leben, voraus. Nach jedem Menschen aber blieb der
ihm eigentümliche und vereinzelte Intellekt, wie gesagt
worden ist. Also gäbe es jetzt unendlich viele Intellekte,
was die Natur nicht zuläßt, daß nämlich ein Geschaffenes
der Zahl oder Größe nach unendlich ist. Daraus läßt sich
also entweder folgern, daß die Behauptung über die Intellekte nicht wahr ist, oder, daß die Aussage nicht möglich
ist, daß nämlich Gott gemäß der genannten Weise die Welt
von Ewigkeit hätte hervorbringen können.   20

(2) Ohne aber den Intellekt in Betracht zu ziehen und
zu berücksichtigen, führen sie eine andere Begründung an,
durch die sie uneingeschränkt und schlechthin den Erweis
für ihren Gedanken dadurch zu erbringen suchen, daß sie
die genannte Möglichkeit von der allmächtigen Kraft Gottes fernhalten: Durch Festhalten an der genannten Behauptung nämlich würde Gott der Welt nicht der Dauer nach
vorausgehen, weil die Welt mit Gott gleichewig wäre.

(3) Ferner führen sie eine andere Begründung an: Wenn
die Welt gemäß demjenigen Lauf, den wir sehen, besonders 30
hinsichtlich der Abfolge der Tage, so, wie sie jetzt läuft,
von Ewigkeit gewesen wäre, dann könnte angenommen
werden, daß Gott an jedem Tag den Akt der Schöpfung
hätte vollziehen können und daß dies, daß er einen Stein
geschaffen habe, sich mit dem verknüpfen lasse, daß er
jenen Stein hätte im Sein erhalten können. Das scheint unmittelbar offenkundig zu sein. Also gäbe es heute der Zahl
nach unendlich viele Steine und der Größe nach, wenn
man sich vorstellte, sie grenzten aneinander an, was unmöglich wäre. Also folgt jenes nicht, daß Gott nämlich die 40
Welt hätte von Ewigkeit hervorbringen können.

(4) Obwohl diese zwei Begründungen, die an zweiter
Stelle angeführt worden sind, außerhalb der Zielrichtung
des gegenwärtigen Vorhabens, wo wir über den Intellekt
sprechen, zu liegen scheinen, sind ihre Auflösungen dennoch für unser Vorhaben von Wert, und deswegen sind sie
angeführt worden.

1 29. *Die Antwort mit Auflösung der Begründungen außer*
   der letzten

(1) Zu dem beiläufig angeführten Problem in bezug auf
die Ewigkeit der Welt also ist zuerst zu antworten, daß
nämlich die Behauptung derer, die sagen, Gott hätte die
Welt nicht von Ewigkeit hervorbringen können, sich nicht
aufrechterhalten läßt, weder von sich noch von ihrer Begründung oder ihren Begründungen her: erstens, weil das,
was uneingeschränkt möglich ist, Gott schlechthin vermag.
10 Uneingeschränkt möglich aber ist, was keinen Widerspruch
einschließt. Die Annahme derer aber, die sagen, Gott hätte
die Welt von Ewigkeit hervorbringen können, schließt
keinen Widerspruch ein, wie offenkundig werden wird. Also hätte Gott dies vermocht.

(2) Um auch diejenigen, die draußen stehen, als unsere
Zeugen anzurufen, so ist offenkundig, daß alle vernünftiger
denkenden und hervorragenderen Philosophen dieser Meinung gewesen sind. Sie schlugen, um Unzutreffendes, das
in bezug auf sie durch Schlußverfahren hätte aufgezeigt
20 werden können, zu vermeiden, daher auch verschiedene,
Gott jedoch mögliche Wege ein, wie einige die Ewigkeit
der Welt gemäß einem Kreislauf und wiederkehrendem
Umlauf annahmen, die ihren Abschluß und ihre Grenze zu
einem bestimmten Zeitpunkt erreichten, welchen sie das
große Jahr nannten, nach dem gemäß ihnen die Welt mit
all ihren Arten und Einzelwesen zum früheren Zustand zu-
rückkehrte, um zu verlaufen, wie sie vorher verlaufen war.
Und dies war Gott möglich, und dann läßt sich nichts Unzutreffendes in bezug auf die Unendlichkeit der Intellekte
30 schließen. Und vielleicht veranlaßte dies die Platoniker,
den genannten Kreislauf in den Dingen anzunehmen.

(3) Gewisse andere Philosophen aber nahmen eine Einheit unter den Intellekten an und unterschieden sie nicht
gemäß der Vermannigfaltigung der Menschen der Zahl
nach. Von daher hätte das genannte Unzutreffende auch in
bezug auf sie nicht durch Schlußverfahren aufgezeigt werden können, wie offenkundig ist.

(4) Auch hätte Gott seinem Geschöpf eine andere Art

oder einen anderen Zustand verleihen können, um ein Ein-
treten des genannten Unzutreffenden zu verhindern, wenn   40
er nämlich in bezug auf die Menschen verfahren wäre wie
in bezug auf die Engel, daß er nämlich alle zugleich gemäß
einer bestimmten Zahl geschaffen hätte, wie sie auf die Art
einer bestimmten Zahl vom ersten Menschen bis zum letzten sind, und einem jeden einen eigenen Intellekt verliehen
hätte oder eine andere Weise von seiner allmächtigen Weisheit beschlossen worden wäre, bei dem nichts unmöglich
ist, es sei denn, daß es einen Widerspruch einschließt, ein
Fehler, den keine der genannten Weisen derer, die die
Ewigkeit der Welt annahmen, begeht. Es ist also offen-   50
kundig: Wenn wir zugestehen, Gott sei es möglich, die
Welt von Ewigkeit hervorzubringen, und gesetzt die Tatsache, daß er sie hervorgebracht hätte, würde daraus nicht
folgen, daß die Intellekte der Wirklichkeit nach unendlich
seien.

(5) Auf ihr Argument aber, daß die Welt insofern mit
Gott gleichewig wäre, antworte ich durch Beseitigung ihrer
Behauptung, nämlich daß sie falsch ist. Denn diese Maße,
nämlich Ewigkeit, unendliche Dauer und Zeit, sind der
Steigerungsfähigkeit, nicht der Ausdehnung nach, das   60
heißt der Beschaffenheit, nicht der Größe nach, miteinander zu vergleichen, so daß, wenn angenommen wird, daß
alle diese Maße sich zugleich im Sein finden und keines von
ihnen ohne das andere anzutreffen ist, dennoch das eine
der Beschaffenheit nach früher und vortrefflicher ist als das
andere, so die Ewigkeit gegenüber der unendlichen Dauer
und die unendliche Dauer gegenüber der Zeit. Wenn daher
die Welt ohne zeitlichen Anfang verlaufen wäre und nicht
in der Zeit begonnen hätte, wäre sie doch noch nicht mit
Gott gleichewig, weil Gott ihr der Ewigkeit nach voraus-   70
gegangen wäre, wie Boethius am Ende des V. Buches der
Schrift 'Über den Trost'[62] deutlich zum Ausdruck bringt.

1   30. *Die Antwort auf die letzte Begründung; beachte dort die*
    Unterscheidung in bezug auf die Distributivpronomen

(1) Bei der letzten Begründung ist auf das einzugehen,
was sie argumentativ über die Steine vorbringen, welches
auch ihr Achilles ist, und was sie für einen Beweis erachten;
wie ich bei einem gewissen Streitgespräch in Paris zugegen
war, hörte ich auch, daß ein gefeierter Meister davon rede-
te, der damals gerade ein Streitgespräch führte und die ganze wissenschaftliche Abteilung bei sich hatte, weil er allein
10 nach seinem Antritt sein erstes Problem erörterte, wie es
in Paris Sitte ist.
    (2) Es ist also zu sagen, daß in dem Punkt, von dem sie
wünschen, er möge ihnen als unmittelbar offenkundig zugestanden werden, daß nämlich Gott, wenn die Welt von
Ewigkeit her hätte sein können, an allen Tagen einen Stein
hätte schaffen und ihn im Sein erhalten können – und
daraus schließen sie: ‚Also könnte es heute unendlich viele Steine geben‘ –, eine Unterscheidung zu treffen ist, daß,
wenn ihnen auch zugestanden werden kann, daß er an
20 einem jeden vorausgehenden Tag einen Stein hätte schaffen und ihn im Sein erhalten können, und gesetzt die Tatsache, er hätte es getan, dennoch nicht zugestanden werden darf, daß Gott es an allen vorausgehenden Tagen vermocht hätte.
    (3) Es unterscheiden sich nämlich diese beiden Distribu-
tivpronomina ‚ein jeder‘ und ‚jeder‘ darin, daß ‚jeder‘ mit
der Aufteilung, die es trifft, auch die Kraft einer gewissen
Zusammenfassung dessen, unter dem es aufteilt, mit sich
bringt, so daß der Sinn dessen, daß Gott an allen voraus-
30 gehenden Tagen einen Stein geschaffen habe, der ist, daß
er keinen vorausgehenden Tag übergangen habe, an dem er
nicht geschaffen hätte. Daraus würde das Unzutreffende,
das sie erschließen, folgen. Das Distributivpronomen ‚ein
jeder‘ aber bringt eine Aufteilung für jeden einzelnen von
dem, unter dem es aufteilt, mit sich, und deshalb werden
die einzelnen losgelöst bezeichnet, ohne anderes mit zu
umgreifen, so daß der Sinn des ‚Gott hätte es an einem jeden vorausgehenden Tag vermocht‘ und so weiter der ist:

Welchen Tag auch immer du bezeichnen könntest, Gott
hätte an ihm einen Stein schaffen und ihn bis heute im 40
Sein erhalten können, was wahr ist. Jeder derartige be-
zeichnete Tag aber würde vom heutigen nicht einen unendlichen, sondern endlichen Abstand aufweisen. Und so würde das oft genannte Unzutreffende, daß es nämlich heute
unendlich viele Steine gäbe, nicht folgen.

31. *Nachwort zu dem, was hier und anderswo über den tä-* 1
tigen Intellekt ausgeführt worden ist

(1) Es erhellt also aus dem Vorausgeschickten, daß der
tätige Intellekt begründender innerer Ursprung in der Seele
ist und es sich mit ihm in der Seele verhält wie mit dem
Herzen im Lebewesen.

(2) Ferner, daß er eine Art Einzelwesen und einzelner
von einzelnen ist, indem er gemäß der Vermannigfaltigung
derer, für die er Ursprung ist, vermannigfaltigt ist.

(3) Ferner, daß sie gemäß dem allgemeinen Lauf der 10
Natur untereinander gleich sind und sich voneinander der
Vereinzelung nach unterscheiden und so auf die Weise des
Unendlichen, die der Teilung des Fortlaufenden zukommt,
ins Unendliche schreiten und unendlich vermannigfaltigt
werden können.

(4) Ferner, welcher Ansicht man in bezug auf ihre Vermannigfaltigung sein muß, wenn angenommen wird, die
Welt sei von Ewigkeit her gewesen.

(5) Das ist bisher bezüglich des tätigen Intellekts abgehandelt worden.   20

(6) Im übrigen müßte in bezug auf ihn auch abgehandelt
werden, was für einer oder wer er durch sein Wesen ist. Das
aber ist in Anlehnung an die Ansicht der Philosophen und
Augustins anderswo ausführlicher gezeigt worden, daß er
eine in Wirklichkeit seiende Substanz ist, die in keiner Weise in Möglichkeit ist, sei es in wesentlicher, sei es in akzidenteller in der Weise von Akzidentalität, wodurch er
gehemmt ist, nach Weichen des Hemmnisses aber eine Verfaßtheit, die er nicht besaß, in sich annimmt, eine Unter-

30 scheidung zwischen wesentlicher und akzidenteller Möglichkeit, wie sie der Philosoph im VIII. Buch der 'Physik'[63] trifft. Das ist ausführlich genug in unserer Abhandlung 'Über die beseligende Schau Gottes'[64] abgehandelt und erwiesen worden.

(7) Dort[65] ist auch zu finden, daß er jenes Gottförmige ist, mit dem Gott das verstandesbegabte Geschöpf ausgezeichnet hat, damit es nach seinem Bild ist, wie 'Genesis' 1[66] geschrieben steht, daß Gott den Menschen nach seinem Bild und seinem Gleichnis schuf – ,nach seinem Bild'
40 sagt sie hinsichtlich des tätigen Intellekts, ,nach seinem Gleichnis' aber hinsichtlich dessen, was den möglichen Intellekt betrifft, eine Unterscheidung, wie sie Augustin im XV. Buch der Schrift 'Über die Dreieinheit', Kap. 63[67], offenkundig trifft –, und dann, was mit dem zusammenstimmt, was im allgemeinen behauptet wird, daß das Bild sich auf die Natur bezieht, das Gleichnis auf ein obendrein noch erwiesenes Geschenk der Gnade.

(8) Auch ist in derselben Abhandlung[68] gezeigt worden, daß eben der tätige Intellekt jener beseligende Ursprung
50 ist, durch den wir, wenn wir überformt sein werden, das heißt, wenn er uns Form sein wird, aufgrund unserer Einung mit Gott durch unmittelbare beseligende Betrachtung, in der wir Gott wesentlich schauen werden, glückselig sind, weil es nicht wahrscheinlich ist, daß jenes Vortrefflichste und Höchste, das Gott in unsere Natur gesetzt hat, in jener Glückseligkeit untätig ist, vielmehr dürfte er, wie er gemäß der Natur das Höchste in uns ist, so auch im beseligenden Vollzug, der in der wesentlichen Schau Gottes besteht, leitendes Prinzip sein.

1 **32. *In der Absicht, über den Gegenstand zu handeln, wird vorausgeschickt, daß der Intellekt anders aus Gott ins Sein trat als andere Naturdinge***

(1) Wenn aber die Frage nach seinem Gegenstand gestellt wird, läßt sich derselben oft genannten Abhandlung[69] auch entnehmen, daß er, weil er durch sein Wesen

immer in Wirklichkeit seiender Intellekt ist, anders ins Sein
trat als andere Naturdinge.

(2) Die anderen Naturdinge nämlich, die nicht durch ihr
Wesen seiende Intellekte sind, traten gemäß einer Be-   10
stimmtheit, die ihre Art betrifft, ins Sein, einer Bestimmtheit, so meine ich, die in Gott anzutreffen ist, der solchen
Dingen die ihnen eigentümlichen Artbestimmtheiten zuteil werden läßt. Und wenn sich innerhalb derartiger Arten
auch Einzelwesen finden, sind sie gemäß einer ideenhaften
Form, die sich über die Artbestimmtheit hinaus auf das
Einzelwesen als Einzelwesen bezieht, ins Sein getreten.

(3) Der Intellekt aber, der ein durch sein Wesen seiender Intellekt ist, trat nicht nur auf diese Weise aus Gott
ins Sein, auf die Weise, meine ich, die anderen Dingen ge-   20
mein ist, die aus Gott als Dinge hervorgehen, die gemäß
den ihnen eigentümlichen Artbestimmtheiten und hinsichtlich der Einzelwesen gemäß ideenhafter Formen bewirkt
sind, wie gesagt worden ist, sondern er ging aus Gott ins
Sein als sein Bild, dessen Bestimmtheit darin besteht, ihn
auf die Weise von Erkenntnis zu erkennen, auf die seine
nächste und unmittelbare Einung mit Gott statthat. Diese
Annäherung nämlich ist gemäß einem inneren substantiellen Prinzip eines Dinges festzustellen, und deshalb wird sie
in eigentümlicher Weise Bild genannt. Jede andere Annähe-   30
rung aber, die gemäß einer zugeleiteten Form statthat, vollzieht sich gemäß einem Äußerlichen eines Dinges, worin
vielmehr eine gewisse Ähnlichkeit als in eigentümlicher
Weise ein Bild festzustellen ist.

33. *Es werden vier Weisen ermittelt, wie die Dinge aus*   1
    Gott ins Sein treten

(1) Gemäß dem bereits Gesagten können wir eine dreifache Weise des Hervorgehens der Geschöpfe aus Gott bemerken: eine, wo die Dinge nur gemäß der ihnen eigentümlichen Artbestimmtheit hervorgehen, wenn es nämlich Dinge sind, in denen nur die Natur der Art anzutreffen ist.

(2) Die zweite Weise liegt vor, wenn nämlich zusammen

mit der Bestimmtheit der Art die Eigentümlichkeit des Ein-
10 zelwesens anzutreffen ist. Insofern gehen solche Dinge nicht
nur gemäß der Bestimmtheit der Art hervor, sondern auch
gemäß einer ideenhaften Form, die sich in eigentümlicher
Weise auf die Eigentümlichkeit des Einzelwesens bezieht.
(3) Die dritte Weise des Hervorgehens der Dinge aus
Gott vollzieht sich nicht nur gemäß den bereits genannten
Weisen, nämlich gemäß der Bestimmtheit der Art und gemäß der Eigentümlichkeit des Einzelwesens, sondern nach
Hinzufügung einer dritten, nämlich gemäß der Bestimmtheit des Bildes, wie über den Hervorgang des tätigen Intel-
20 lekts aus Gott zum Ausdruck gebracht worden ist, in dessen Hervorgang diese drei Weisen zu beobachten sind.
(4) Wir können aber eine vierte Weise hinzufügen, daß
nämlich bestimmte Dinge zugleich gemäß der Bestimmtheit der Art wie des Bildes ohne die Eigentümlichkeit der
Vereinzelung, wenngleich nicht ohne die Eigentümlichkeit
der Einzelheit, hervorgehen, solche Dinge nämlich, die die
Philosophen annahmen und die sie Intelligenzen nannten,
im Bereich derer ein Einzelwesen in eigentümlicher Weise
nicht anzutreffen ist, obwohl eine jede von ihnen eine ein-
30 zelne Substanz ist. Nicht jede einzelne Substanz nämlich
ist ein Einzelwesen, wenn man ,Einzelwesen' gemäß der
eigentümlichen Bestimmtheit des Einzelwesens nimmt, die
darin besteht, Teile, die später als das Ganze sind, zu besitzen, wie anderswo[70] ausführlich genug gesagt und erwiesen worden ist.
(5) Von daher fasse ich auch im Abschnitt hier überdies
die Benennung ,Art' in nicht eigentümlicher Weise in erweiterter Bedeutung von Art, so daß nicht nur jenes ein
der Art nach Seiendes genannt wird, das nämlich mit der
40 entgegengesetzten Art eine Gattung unterteilt, da bestimmte dieser Seienden, von denen die Rede gewesen ist, in
eigentümlicher Weise in der Gattung nicht anzutreffen
sind, sondern ich nenne hier bei gewissen der Artbestimmtheit nach Seiendes Seiendes schlechthin, das in seiner Substanz nicht vermannigfaltigt ist und gemäß univoker Bestimmtheit nicht vermannigfaltigt werden kann, indem es
keine Teile, die später als das Ganze sind, besitzt.

34. *Es wird im besonderen über die Weise gehandelt, wie*   1
die Intelligenzen und der tätige Intellekt aus Gott her-
vorgehen

(1) Und so beschaffen sind gemäß der Annahme der
Philosophen die Intelligenzen, wenn es sie denn überhaupt
gibt, die aus Gott nicht nur gemäß der Bestimmtheit und
Weise, die anderen Dingen gemein ist, hervorgegangen sind,
sondern insofern eine jede von ihnen Bild Gottes ist.
(2) Das kommt auch jedem Intellekt zu, der ein durch
sein Wesen in Wirklichkeit seiender Intellekt ist, und somit   10
kommt es dem tätigen Intellekt zu, weil er so beschaffen
ist, nämlich ein durch sein Wesen in Wirklichkeit seiender
Intellekt.
(3) Das als Bild Hervorgehen aber ist darin Hervorgehen,
daß es den erkennt, aus dem es hervorgeht, in der Weise
nämlich, daß eben eine solche Erkenntnis eben das Hervorgehen und das Empfangen seines Wesens ist, wie Augustin in der Schrift 'Über die Genesis, ein Kommentar dem
Literalsinn nach' bemerkt, indem er davon spricht, wie die
Engel aus Gott ins Sein geschritten sind, und zum Aus-   20
druck bringt, daß die Engel aus Gott dadurch, daß sie ihn
erkannten, hervorgegangen sind, so im III. Buch, Kap. 24[71],
wo er folgendes sagt: „Deswegen bedeutet dies ihm Werden, daß er das Wort Gottes erkennt, durch das er wird."
Ferner spricht er in der Schrift 'Über die Unsterblichkeit
der Seele' vom Geist, der das Höchste in der Seele ist, und
sagt dort in Kap. 11[72] über die Bestimmung, aus der der
Geist hervorgeht, daß es eben die Bestimmung ist, wo die
höchste Unveränderlichkeit erkannt wird. Auch hat er dort
in Kap. 10[73] vorausgeschickt: „Und da nichts mächtiger ist   30
als eben die Bestimmung, weil nichts unveränderlicher ist."
Und somit ist eine solche Bestimmung, von der er spricht,
Gott, aus dem der Geist hervorgeht wie aus der Bestimmung als solcher. In Kap. 11[74] führt er also aus: „Wenn
aber jene Kraft der Bestimmung unmittelbar durch ihr
Sich-Verbinden den Geist affiziert — denn nicht vermag sie
nicht zu affizieren —, affiziert sie ihn in der Tat in der Weise, daß sie ihm das Sein zuteil werden läßt. Es ist nämlich

besonders eben die Bestimmung, wo auch die höchste Un-
40 veränderlichkeit erkannt wird. Daher versetzt sie ihn, den
sie aus sich affiziert, gewissermaßen notwendig ins Sein.“
(4) Insofern also ist das von der Bestimmung her erleidende Affiziert-Werden des Geistes sein Aus-der-Bestim-
mung-ins-Sein-Hervorgehen. Aus der Bestimmung als Bestimmung hervorgehen aber bedeutet, auf intellektuelle
Weise aus einem Intellekt hervorzugehen, was dem, der
durch sein Wesen in Wirklichkeit seiender Intellekt ist,
eigentümlich ist, der eben deshalb als Bild hervorgeht.

1 35. *Über die zweifache Weise, wie etwas aus der göttlichen*
Bestimmung hervorgeht

(1) Es ist aber hier zu beachten, daß, obwohl in Gott
Gott selbst und die Bestimmung in ihm identisch sind, dennoch gemäß der Weise des Erkennens eine Unterscheidung
zu treffen ist, daß es nämlich ein anderes ist, daß etwas aus
der Bestimmung hervorgeht, es aber ein anderes ist, gemäß
der Bestimmung hervorzugehen.
(2) Denn aus der Bestimmung hervorgehen bedeutet,
10 wenn wir uns einer eigentümlichen Redeweise bedienen,
daß die Bestimmung selbst in der Weise die Kraft und das
Vermögen ist, etwas hervorzubringen, daß keine andere
Kraft im Hervorbringenden erforderlich ist, die auf bewirkende Weise den Vollzug des Hervorbringens tätigte, wie
wenn wir beobachteten, daß die Baukunst durch sich selbst
ohne die andere Kraft oder das andere Vermögen des Bau-
meisters ein Haus hervorbrächte, was wir eben nicht beobachten können. Gemäß der Bestimmung hervorgehen aber
bedeutet, daß eben die Bestimmung im Hervorbringenden
20 anleitender Ursprung für das Hervorbringen ist, dem sich
eine gewisse Kraft oder ein gewisses Vermögen zum Hervorbringen, fähig, das Hervorbringen zu tätigen, beigesellt,
ohne das die Baukunst durch sich selbst keineswegs ein
Haus hervorbrächte, wie beim Hausbauenden unmittelbar
offenkundig ist.
(3) Auf die erste Weise geht aus Gott die Substanz her-

vor, die durch ihr Wesen in Wirklichkeit seiender Intellekt
ist, und daher geht sie aus Gott auf die Weise göttlichen
Bildes hervor. So nämlich aus der Bestimmung hervorgehen
bedeutet, daß der Intellekt auf intellektuelle Weise in völ- 30
liger Angeglichenheit an denjenigen Intellekt hervorgeht,
aus dem er hervorgeht. Und so geht er nach Ähnlichkeit
mit der Substanz oder dem Wesen des Hervorbringenden
hervor, nicht nur nach Ähnlichkeit mit einer ideenhaften
oder urbildlichen Form in ihm.

(4) Die anderen Dinge aber, die nicht durch ihr Wesen
in Wirklichkeit seiende Intellekte sind, gehen aus Gott in
der zuvor genannten zweiten Weise hervor, das heißt gemäß der Bestimmung, und daher gehen sie nicht in völliger Angeglichenheit an die Substanz des Hervorbringenden 40
hervor, sondern nach Ähnlichkeit mit einer urbildlichen
Form, die sich im Hervorbringenden findet, und deshalb
ist ihr Hervorgehen nicht in eigentümlicher Redeweise nach
dem Bild des Hervorbringenden.

(5) Allgemein aber ist in erweiterter Bedeutung von
Bild und im Sinne einer wie auch immer beschaffenen
Ähnlichkeit auch bei den Gelehrten anzutreffen, daß die
anderen Dinge gewisse göttliche Bilder sind, wie Boethius
in der Schrift 'Über die Dreieinheit'[75] sagt, daß jegliche geschaffenen Dinge Bilder derjenigen Form sind, die wesent- 50
lich Gott ist. Und in der Schrift 'Über den Trost'[76] bemerkt er:

„Du leitest alles
ab vom Urbild oben, im Geist das schöne Weltall
tragend, selbst der Schönste, es formend in ähnlichem
                                              Bilde."

Das läßt sich in bezug auf die Welt hinsichtlich ihrer höchsten Geschöpfe verstehen, die durch ihr Wesen in Wirklichkeit seiende Intellekte sind, oder er faßt die Benennung
‚Bild' allgemein als eine wie auch immer beschaffene Ähn- 60
lichkeit mit Gott.

(6) Und so geht der tätige Intellekt als Bild hervor. Er
geht nämlich aus der Bestimmung auf die erste Weise hervor und somit in völliger Angeglichenheit an die göttliche
Substanz.

1 36. *Daß ‚Bestimmung' anders genommen wird, wenn es*
   heißt, die Dinge, die vom Intellekt verschieden sind,
   gingen aus der göttlichen Bestimmung hervor, anders
   aber, wenn wir sagen, der tätige Intellekt gehe aus der
   göttlichen Bestimmung hervor

(1) Zur weiteren Erhellung dessen ist in Betracht zu
ziehen, daß ‚Bestimmung' anders genommen wird, wenn
wir sagen, die Dinge, die vom Intellekt verschieden sind,
gingen gemäß der Bestimmung aus Gott hervor, anders
10 aber, wenn wir sagen, der Intellekt gehe aus der göttlichen
Bestimmung hervor.
(2) Die Dinge nämlich, die vom Intellekt verschieden
sind, gehen aus Gott gemäß der Bestimmung hervor, die
eine urbildliche Form einer bestimmten Art von Seienden
ist, nämlich des Pferdes oder des Esels und ähnlichem,
einer Bestimmung, durch die ein Seiendes, welches auch
immer es sein mag, gemäß der bestimmten Bestimmung
einer solchen urbildlichen Form in Gott zu einer bestimmten Gattung oder Art bestimmt wird. Von daher beziehen
20 sich die vom Intellekt verschiedenen Dinge, welche auch
immer es sein mögen, auf bestimmte urbildliche oder
ideenhafte Formen in Gott, gemäß denen sie ins Sein
schreiten.
(3) Die Bestimmung aber, aus der der durch sein Wesen
in Wirklichkeit seiende Intellekt auf die Weise, wie oben
ausgeführt worden ist, hervorgeht, gehört nicht einer solchen bestimmten Art oder Beziehung zu, sondern trägt die
Ähnlichkeit des ganzen Seienden als Seienden in sich. Und
deshalb geht ein solcher Intellekt aus Gott nach der Ähn-
30 lichkeit des ganzen Seienden als Seienden hervor und bezieht sich durch seinen Umfang auf die Gesamtheit der
Seienden wie auch auf seinen Ursprung, aus dem er hervorgeht. Er geht nämlich aus der göttlichen Bestimmung hervor, insofern sie die Bestimmung der Gesamtheit der Seienden ist. Und das ist das Wesen dieses so hervorgehenden
Intellekts. Und deshalb wechselt seine Erkenntnis nicht
von einem Ding zu einem anderen, sondern dadurch, daß
er aufgrund eines einzigen Anblicks seinen Ursprung er-

kennt und so ins Sein schreitet, erkennt er die Gesamtheit
der Seienden im ganzen. Und aus diesem Grunde erhellt 40
auch im besonderen, daß er aus Gott als dessen vollkommenes Bild hervorgeht.

37. Gemäß dem Vorausgeschickten kommt der Gegen- 1
stand des tätigen Intellekts zur Ausführung

(1) Gemäß dem bereits Gesagten ist eine Mutmaßung
über seinen Gegenstand anzustellen.

(2) Drei Momente nämlich begegnen uns in seiner Erkenntnis. Das erste und hauptsächliche davon ist sein Ursprung, aus dem er in seinem Erkennen hervorgeht, worin
das Empfangen seines Wesens besteht.

(3) Das zweite ist sein Wesen, das er erkennt, der Ordnung nach freilich unter der Weise des Erkennens, durch 10
die er seinen Ursprung erkennt, und zwar so, daß es der
Zahl nach nicht zwei Erkenntnisakte sind, sondern einer,
wie weiter unten auch vom möglichen Intellekt gezeigt
wird, der dadurch, daß er sich erkennt, in bestimmten Erkenntnisakten das erkennt, was von ihm verschieden ist.

(4) Das dritte ist die Gesamtheit der Seienden, die er
als ganze hinsichtlich seiner Erkenntnis in seinem Umgreifen erfaßt, wie Augustin in der Schrift 'Über die Unster-
lichkeit der Seele', Kap. 7[77], sagt: „Auch ist klar, daß der
menschliche Geist unsterblich ist und alle wahren Bestim- 20
mungen seinem Abgeschiedenen innewohnen, obwohl er
sie, sei es durch Unwissen, sei es durch Vergessen, entweder nicht zu besitzen oder verloren zu haben scheint."

(5) Ferner bemerkt er im X. Buch der 'Bekenntnisse',
Kap. 7[78]: „Wenn ich höre, daß es drei Arten von Fragen
gibt, ob es ist, was es ist und wie beschaffen es ist, halte
ich zwar die Bilder der Töne, durch die diese Worte gebildet sind, fest, die Dinge selbst aber, die durch jene Töne
angezeigt werden, habe ich weder mit dem Körpersinn berührt noch irgendwo außerhalb meines Geistes gesehen, 30
und im Gedächtnis habe ich nicht ihre Bilder, sondern sie
selbst bewahrt. Dort also waren sie, auch bevor ich sie

kennengelernt hatte, aber im Gedächtnis waren sie nicht."
(6) Augustin spricht an dieser Stelle aber über das Gedächtnis der habituellen Anlage nach, das im Dienst der
äußeren Denkkraft steht und aufgrund äußerer Belehrung
entsteht, welches er von jener verborgeneren Tiefe des Ge-
denkens im XV. Buch der Schrift 'Über die Dreieinheit',
Kap. 63[79], unterscheidet, in der die Gesamtheit der Wahr-
40 heiten leuchtet, die er im XIV. Buch der Schrift 'Über die
Dreieinheit'[80] Versteck des Geistes nennt — und das ist
der tätige Intellekt —, ein Abgeschiedenes, in dem der
Mensch all das findet, was er an Wahrem entweder durch
Überlegen bei sich selbst sieht oder auf Veranlassung ge-
zielter Fragen seitens eines anderen zur Antwort gibt, findet, sage ich, nicht bewirkt oder erzeugt, so Augustin anderswo[81]: ,,Es ist nämlich", wie er dort bemerkt, ,, ,Fin-
den' nicht mit ,Machen' oder ,Erzeugen' identisch; andernfalls erzeugte der Geist in zeitlichem Finden Ewiges", und
50 er bringt dort das Beispiel von der ewigen Bestimmung des
Kreises.

1 **38. *Daß, obwohl in seinem Erkenntnisakt drei Momente
zu beobachten sind, sein Erkennen dennoch eines ist***

(1) Obwohl wir aber die drei zuvor genannten Momente in der Erkenntnis des tätigen Intellekts beobachten,
nämlich seinen Ursprung, aus dem er durch Erkennen hervorgeht, sein ihm eigentümliches Wesen und drittens die
Gesamtheit der Dinge, ruft das dennoch nicht drei Erkenntnisakte, sondern nur einen hervor, wie auch sein Ursprung, aus dem er hervorgeht, in nur einem Erkenntnis-
10 vollzug sich und anderes erkennt und, wie mehreren Sätzen
des 'Buches über die Ursachen'[82] zu entnehmen ist, eine
jede Intelligenz das, was über ihr ist, das heißt ihre Ursache, erkennt, ferner fest dasteht, indem sie durch ihr Erkennen in vollständiger Rückkehr auf ihr Wesen zurückkommt, und ferner das, was unter ihr ist, das heißt ihr Verursachtes, erkennt, nicht in drei Erkenntnisakten, sondern
in einem einzigen einfachen Erkenntnisvollzug, bei dem es

dennoch das Vorrangigste ist, seine Ursache oder seinen
Ursprung, aus dem er hervorgeht, als Gegenstand zu erkennen, weil er die anderen beiden Momente, die in eben 20
dem Ursprung gemäß der Weise des Ursprungs erkannt werden, einschließt, wie auch der Ursprung selbst dadurch,
daß er sich erkennt, gemäß der Weise und Bestimmtheit
seines Wesens auch anderes erkennt.

(2) Dies ist über den tätigen Intellekt hinsichtlich des
vorrangigen Gegenstandes seiner Erkenntnis, welcher wesentlich sein Ursprung ist, zu sagen.

39. *Ein zweifaches Bedenken, das sich aufgrund der voran-*   1
gehenden Ausführungen erhebt, mit seiner Begründung

(1) Hier aber erhebt sich ein doppeltes Problem. Oben
nämlich ist gesagt worden, daß der tätige Intellekt sein
Wesen erkennt und daß dieser Erkenntnisakt der Ordnung
nach jener Weise des Erkennens untersteht, in der er wesentlich seinen Ursprung erkennt. Wenn aber etwas der
Ordnung nach einem anderen untersteht, bringt dies eine
bestimmte Unterscheidung oder eine Verschiedenheit
derer, die dieser Ordnung angehören, voneinander mit sich. 10
Und so scheint es nicht ein einziger Erkenntnisvollzug zu
sein, durch den er seinen Ursprung erkennt und durch den
er sein ihm eigentümliches Wesen erkennt.

(2) Wie ist außerdem wahr, was der Kommentator[83] sagt
und auch gemeinhin gesagt wird, daß der tätige Intellekt
nichts außerhalb seiner erkennt, während er doch seinen
Grund und anderes, das nicht ist, was er ist, erkennt?

40. *Auflösung des Bedenkens mit ihren Begründungen*   1

(1) Zum ersten davon ist zu sagen, daß der tätige Intellekt gemäß seiner Substanz von bestimmter Natur ist,
durch die er sich von jedem anderen Naturding unterscheidet. Jener entsprechend aber ist er von intellektueller Natur gemäß einer bestimmten Existenzstufe innerhalb der

Gesamtheit der Seienden, indem er sich selbst und alles andere durch sein Wesen erkennt, insofern sein Wesen die Ähnlichkeit aller Seienden gemäß einer bestimmten Exi-
10 stenzstufe innerhalb der Gesamtheit der Seienden ist und er, wie es in Satz 15 des 'Buches über die Ursachen' heißt, durch seine Erkenntnishandlung in vollständiger Rückkehr auf sein Wesen zurückkommt, wie es dort im Kommentar[84] zum Ausdruck gebracht wird. Und so erkennt er geradewegs und an sich sein Wesen, und zwar unmittelbar und im Sinne der Formbestimmtheit durch sein ihm eigentümliches Wesen.

(2) Aber weil ihm dies durch Begründung von seinem Ursprung her eignet, insofern er dadurch, daß er ihn er-
20 kennt, aus ihm fließt, deshalb ist dementsprechend eine gewisse Hinordnung desjenigen Erkenntnisaktes, in dem er sein Wesen erkennt, auf den, in dem er seinen Ursprung erkennt, zu beobachten, und jener wird diesem untergeordnet, und es liegt der wesentlichen Ordnung nach ein einziger Erkenntnisakt vor.

(3) Zum zweiten des zuvor Angeführten ist zu sagen, daß es wahr ist, daß der tätige Intellekt — wie überhaupt jeder Intellekt, der durch sein Wesen in Wirklichkeit seiender Intellekt ist — nichts außerhalb seiner erkennt, weil er
30 nur sein Wesen und seinen Ursprung oder seinen Grund, der ihm innerlich ist, erkennt, und alles andere, was er erkennt, erkennt er nur durch sein Wesen gemäß der eigentümlichen Weise seines Wesens, oder er erkennt es auch in seinem Ursprung gemäß der Weise eben des Ursprungs.

1 41. *Über zwei Weisen, wie etwas außerhalb eines anderen ist*

(1) Dennoch ist hier eine Unterscheidung zu treffen, weil sich auf zweifache Weise zum Ausdruck bringen läßt, daß etwas außerhalb eines anderen ist: auf eine Weise so, daß es sich von seinem Wesen unterscheidet. Und so ist die Aussage, daß der tätige Intellekt nämlich nichts außerhalb seiner erkennt, nicht wahr, da er seinen Grund und seinen Ursprung erkennt.

(2) Auf eine andere Weise läßt sich zum Ausdruck bringen, daß etwas außerhalb eines anderen ist, nämlich als 10
sei es so verschieden, daß es keine innere Beziehung zu
ihm besitzt. Und so ist die Aussage wahr, daß der tätige
Intellekt nämlich nichts außerhalb seiner erkennt. Denn er
erkennt sein Wesen und seinen wesentlichen Ursprung, der
ihm innerlicher ist als er sich. Und wenn er dadurch, daß
er sein Wesen oder seinen Ursprung erkennt, anderes erkennt, erkennt er es auf die Weise seines Wesens oder
seines Ursprungs, wie auch die heiligen Glückseligen dadurch, daß sie Gott wesentlich schauen, die anderen Dinge
in Gott schauen, insofern sie dort auf göttliche Weise sind. 20
(3) Ein deutliches Beispiel für die vorausgeschickte Unterscheidung liegt vor, wenn man sich vorstellt, mehrere
Kreise verliefen um denselben Mittelpunkt. Wenn gefragt
würde, ob einer jener umlaufenden Kreise außerhalb eines
anderen sei, dann steht fest, daß gemäß der ersten Weise,
wie etwas außerhalb eines anderen ist, ein jeder von ihnen
außerhalb eines jeden ist; sie unterscheiden sich nämlich
wesentlich voneinander. Aber hinsichtlich der zweiten Weise, wie etwas außerhalb eines anderen ist, steht fest, daß
der äußerste umlaufende Kreis, der auch der größte ist, 30
nicht nur den Mittelpunkt, sondern auch alle anderen umlaufenden Kreise einschließt. So verhält es sich auch hier
mit dem Intellekt.

42. *Als Ergänzung wird ausgeführt, auf welche zwei Wei-* 1
    sen der tätige Intellekt sein Wesen erkennt, und es
    schließt sich ein kurzes Nachwort zu dem an, was hier
    und anderswo über den tätigen Intellekt abgehandelt
    worden ist

(1) Somit treffen wir also gemäß den vorangehenden
Ausführungen im tätigen Intellekt zwei Weisen der Erkenntnis seines Wesens an. Die eine vollzieht sich geradewegs, an sich und unmittelbar durch sein Wesen gemäß der
eigentümlichen Weise seines Wesens. Die andere beruht auf 10
der Erkenntnis seines Ursprungs, worin er seinen Ursprung,

sich und alles andere in ihm gemäß der eigentümlichen Weise des Ursprungs erkennt.

(2) Dies soll gegenwärtig an dieser Stelle hinsichtlich des tätigen Intellekts genügen, verbunden mit anderem, das anderswo, nämlich in der Abhandlung 'Über drei schwierige Probleme' in jenem Abschnitt, wo über die wesentliche Schau Gottes gehandelt wird[85], besprochen worden ist.

DRITTER TEIL
(ÜBER DEN MÖGLICHEN INTELLEKT)

1. *Über den möglichen Intellekt. Und zuerst wird die An-*   1
   sicht anderer bezüglich des Wesens des möglichen Intel-
   lekts vorgestellt

(1) Hinsichtlich des möglichen Intellekts aber sind nun
Erwägungen anzustellen, und zwar zuerst, was oder wie beschaffen er durch sein Wesen ist.

(2) Es gibt nun Leute, die behaupten, daß der mögliche
Intellekt in der Gesamtheit der Seienden eine Art positive
Natur und positives Wesen ist, indem er auf die Weise eines
geistigen Organs in Möglichkeit existiert, um den Erkennt- 10
nisinhalt aufzunehmen, wie auch die körperlichen Sinnes-
organe in ihrer Substanz positiven Bestand haben und in
Möglichkeit sind, um durch die Wahrnehmungsformen
wirklich zu werden.

2. *Sie wird widerlegt, und es wird gezeigt, daß er kein Sei-*   1
   endes in Wirklichkeit ist

(1) Das läßt sich aber hinsichtlich des möglichen Intellekts nicht aufrechterhalten: erstens, um von ihrer Annahme her, daß sie nämlich behaupten, der mögliche Intellekt sei ein durch sein Wesen seiender Intellekt, zu argumentieren, weil jeder Intellekt, der ein durch sein Wesen
seiender Intellekt ist, entweder nichts ist oder in Wirklichkeit und eine gewisse Wirklichkeit und in keiner Weise in
Möglichkeit ist. Wenn er also in Wirklichkeit oder eine ge- 10
wisse Wirklichkeit ist, dürfte er, da er, weil er einfach ist,
in seinem Wesen keine mit ihm vermischte Natur besitzt,
nur eine intellektuelle Wirklichkeit sein und dürfte der
Wirklichkeit nach erkennend sein. Und weil das sein Wesen ist, dürfte sein Erkennen nur von einer Art sein, ohne
von einem Erkenntnisakt zu einem anderen zu wechseln,
und das, was er einmal, das heißt in seinem Anfang, er-

kannt hat, dürfte er immer erkennen, und es verhindert, daß er anderes erkennt, indem er sich von ihm abwendet,

20 um mich der Worte des Philosophen im III. Buch der Schrift 'Über die Seele'[86] zu bedienen, daß es nämlich Fremdes verhindert.

1 *3. Es wird gezeigt, daß er kein positives Seiendes ist, das in Möglichkeit auf eine substantielle Form hingeordnet ist, und es wird ein Vergleich mit dem ersten Stoff zunichte gemacht*

(1) Wenn aber behauptet wird, daß der mögliche Intellekt ein Positives in der Gesamtheit der Seienden ist, nichtsdestoweniger jedoch ein Seiendes in Möglichkeit als geistiges Organ ist, wie im zweiten Teil der Untergliederung vorausgeschickt worden ist, läßt sich das, so meine ich,

10 nicht aufrechterhalten, weil die Form, auf die er in Möglichkeit hingeordnet ist, für ihn entweder wesentlich oder akzidentell ist. Sollte behauptet werden, daß sie wesentlich ist, hat er demnach, ehe er diese Form besitzt, in seinem Wesen einen Mangel und ist nicht im Besitz seines Wesens, es sei denn, man wollte behaupten, daß, obwohl die substantielle Form für den ersten Stoff wesentlich ist – zum Beispiel die Form der Luft, wenn er unter ihr steht –, der Stoff dennoch ein Positives in der Gesamtheit der Seienden ist, ehe er sie besitzt; so steht es auch mit dem möglichen

20 Intellekt.

(2) Hinsichtlich eines zweifachen Unterschieds aber ist ein Vergleich unzutreffend: erstens, weil der erste Stoff eine Substanz ist; es wird aber von allen zugestanden und ist auch wahr, daß der mögliche Intellekt der Gattung der Akzidentien zugehört; zweitens, weil der erste Stoff immer unter einer Form steht, niemals völlig von einer Form entblößt ist und somit immer unter einer Wirklichkeit steht; der mögliche Intellekt aber ist vor seinem Erkennen ein Seiendes in Möglichkeit.

4. *Es wird ein Vergleich mit den Organen anderer Wahr-*   1
nehmungsvermögen zunichte gemacht

(1) Außerdem sind die Organe der anderen Sinne und
der Intellekt, von dem sie behaupten, er sei gleichsam eine
Art geistiges Organ, nicht vergleichbar, weil die Wahrneh-
mungsvermögen ihren Organen anhaften und deswegen
organische, nicht abgetrennte Kräfte genannt werden. Aus
demselben Grunde könnte der Intellekt eine organische,
nicht abgetrennte Kraft genannt werden, es sei denn, man
stellte sich vor, daß er wegen des geistigen Wesens seines   10
Organs ein Abgetrenntes genannt würde.
(2) Das geistige Wesen als solches aber ist dafür nicht
hinreichend, daß etwas nach derjenigen Abgetrenntheit abgetrennt genannt werden könnte, die für den möglichen
Intellekt erforderlich ist, weil eine solche Abgetrenntheit,
die dem Intellekt eignet, vom Hier und Jetzt und von anderen Vereinzelung bewirkenden Beschaffenheiten und
Eigentümlichkeiten absieht, und auf diese Weise ist er in
der Gattung der Erkenntnisse ein gewisses Abgetrenntes.
(3) Ein geistiges Organ aber wäre in der Gattung der Na-   20
turdinge abgetrennt, insofern es unkörperlich ist, wie auch
die abgetrennten Substanzen abgetrennt genannt werden,
insofern sie unkörperlich sind. Trotzdem aber können sie
Erkenntniskräfte besitzen, die niedriger als der Intellekt
sind, wie Augustin ausführlich in der Schrift 'Über die
Genesis'[87] abhandelt und wir es anderswo[88] gezeigt haben.
Andernfalls wäre es für eine geistige Substanz unmöglich
gewesen, in die Möglichkeit zu geraten, wenn nicht ein
Irrtum eine ihrer auffassenden Kräfte befallen hätte, der
den Intellekt gemäß Augustin[89] nicht befällt.   30

5. *Es wird ein anderer Grund dafür angeführt, daß er kein*   1
positives Seiendes ist, das in Möglichkeit existiert

(1) Außerdem gründet jedes Vermögen, das sich positiv
in der Natur findet, in einer Wirklichkeit und wird durch
sie erhalten. Andernfalls würde man Widersprüchliches zu-

lassen, nämlich die Identität von Sein und Nicht-Sein,
Sein nun, insofern ein Sein in der Natur der Dinge angenommen wird, Nicht-Sein aber, insofern nur ein Seiendes
in Möglichkeit angenommen wird. Damit ließe sich noch
10 dies verbinden, daß einem Seienden in Möglichkeit als solchem keine Beschaffenheit oder Eigentümlichkeit, die eine
Wirklichkeit mit sich bringt, zukommen kann. Abgetrennt-
Sein aber ist eine solche Beschaffenheit oder Eigentümlichkeit, die eine Wirklichkeit bedeutet. Also kann es einem
Erkenntnisvermögen, insofern es in Möglichkeit ist, nicht
zukommen.

(2) In bezug auf die anderen auffassenden Kräfte, die
wahrnehmenden nämlich, beobachten wir jedoch, daß sie
in den ihnen eigentümlichen Organen, die der Wirklichkeit
20 nach sind, gründen. Also dürfte aus demselben Grunde das
Organ der Erkenntnsikraft, wenn sie denn eines besitzt,
wie sie behaupten, der Wirklichkeit nach sein und kein
Seiendes in Möglichkeit, was uns nicht einleuchtet und zu
ihrer Behauptung im Gegensatz steht.

(3) Und somit ist klar, daß der mögliche Intellekt kein
positives Seiendes in der Natur ist, das als in Möglichkeit
auf eine wesentliche Form hingeordnet existiert.

1 *6. Es wird gezeigt, daß er kein positives Seiendes ist, das*
   als in Möglichkeit auf eine akzidentelle Form hingeord-
   net existiert

(1) Daß er aber auch nicht in Möglichkeit auf eine akzidentelle Form hingeordnet ist, erhellt aus Folgendem.

(2) Jede akzidentelle Form nämlich ist nur eine Verfaßtheit von etwas, das Teile, die später als das Ganze sind,
besitzt. Der Intellekt aber ist einfach, wie auch sie sagen.
Also nimmt er auch keine solcher Formen auf.

10 (3) Außerdem setzt jede akzidentelle Form in dem, das
sie aufnimmt, eine substantielle Wirklichkeit voraus. Wenn
demnach der mögliche Intellekt wie eine Art geistiges Organ in Möglichkeit auf eine akzidentelle Form hingeordnet
ist, wie sie behaupten, dürfte er unter einer substantiellen

Wirklichkeit stehen und kein Seiendes in Möglichkeit sein, wovon sie das Gegenteil versichern.

(4) Es ist also offenkundig, daß der mögliche Intellekt gemäß seiner Substanz nicht der Wirklichkeit nach ist und auch kein positives Seiendes in der Gesamtheit der Seienden ist, das in Möglichkeit auf eine substantielle oder akzi- 20 dentelle Form hingeordnet wäre, wie der Philosoph im III. Buch der Schrift 'Über die Seele'[90] entsprechend sagt: „Er ist nichts von dem, was ist, bevor er erkennt." Er ist nämlich fähig, alles aufzunehmen, weil er ein erleidendes Vermögen in der Seele ist und er alles zu werden vermag, und so ist er fähig, auch sich selbst aufzunehmen. Und somit ist es erforderlich, daß er sogar von sich selbst entblößt ist. Und insofern ist er nichts von dem, was ist, bevor er erkennt.

7. *Wie es vom Menschen heißt, er erkenne in Möglichkeit*   1
durch den möglichen Intellekt, und beachte dort die
Unterscheidung von Möglichkeit

(1) Da der Mensch verstandesbegabt oder zur Erkenntnis fähig genannt wird, weil es möglich ist, daß er durch den möglichen Intellekt erkennt, ist dennoch hier zwischen dem wirkenden oder erleidenden Vermögen eigentümlicher Redeweise nach und der aufnehmenden Fähigkeit zu unterscheiden.

(2) Das wirkende oder erleidende Vermögen nämlich 10 bringt wenigstens eine Art Beginn einer Form im Ding mit sich, wodurch es, wie es heißt, ein zumindest erleidendes Vermögen besitzt, aus dem etwas werden soll, wie es beim Entstehen der Pflanzen und der vom Menschen verschiedenen Lebewesen offenkundig ist, wie der Kommentator im Kommentar 'Zum XII. Buch der Metaphysik'[91] bemerkt, daß nämlich das Wirkende nicht die Seele in den Körper setzt, sondern das, was die Seele in Möglichkeit ist, zur Seele in Wirklichkeit macht, nicht als ob es die Seele aus dem Nichts schüfe, vielmehr überführt es sie aus 20 der Möglichkeit, in der sie bereits begonnen hat, in die vollständige Wirklichkeit.

(3) Die aufnehmende Fähigkeit aber erfordert nicht einen Beginn der Form, sondern nur dies, daß es möglich ist, daß etwas in einem anderen aufgenommen wird, wie der mit Organen versehene menschliche Körper bis zu seiner höchsten Verfaßtheit, der Notwendigkeit, nur eine Art Fähigkeit oder Tauglichkeit besitzt, die Verstandesseele aufzunehmen.

(4) Ein anderes Beispiel für den genannten Unterschied
30 ist dies, daß es nämlich von einem Apfel heißt, er sei in Möglichkeit, wo der Samen des Apfels anzutreffen ist; daraus kann der Apfel hervorgehen. In meiner Hand aber ist er, so sagt man von ihm, in Möglichkeit in erweiterter Bedeutung von Möglichkeit, so daß man sie auch als aufnehmende Fähigkeit verstehen könnte.

(5) In der Weise ist von dem möglichen Erkenntnisvermögen zu sprechen, daß nämlich der Mensch gemäß der reinen Fähigkeit, den Erkenntnisinhalt aufzunehmen, erkennendes Vermögen genannt wird und auch ist, freilich
40 nicht unmittelbar in der menschlichen Substanz und auch nicht in einer jeden seiner Verfaßtheiten, sondern in seinem vorstellenden Bewußtsein hinsichtlich der Denkkraft, welche die höchste Kraft ist und − ein Vorzug vor anderen Lebewesen − allein im Menschen anzutreffen ist, und ihr gemäß bilden sich die Vorstellungen gemäß der äußersten und höchsten Grenze der Formen, die als Formen im Körper sein können, und zwar so, daß derartige Formen unmittelbares Zugrundeliegendes der Erkenntnisform sind, die dort ist, indem ein gewisser höherer Ur-
50 sprung, der tätige Intellekt nämlich, dieses bewirkt.

(6) Und somit ist offenkundig, was der mögliche Intellekt gemäß seinem Wesen ist und auf welche Weise es vom Menschen heißt, er könne ihm gemäß erkennen.

1 8. *Wie der mögliche Intellekt in der Gattung der dem Erfassen nach Seienden die Weise einer Substanz besitzt, obwohl er im Natursein wahrhaft ein Akzidens ist*

(1) Dennoch ist dabei zu beachten, daß der mögliche Intellekt, obwohl er als wirklich gewordener gemäß dem

Natursein wahrhaft ein Akzidens ist, gleichwohl einmal die
Weise und die Eigentümlichkeit einer Substanz besitzt.

(2) Zur Erhellung dessen ist in Betracht zu ziehen, daß
ein jedes Seiende als Seiendes dem Bedeutungsgehalt,
durch den es sich zuerst vom Nichts unterscheidet, dem   10
des Seienden nämlich, untersteht, und folglich kann keines
der Seienden des Bedeutungsgehaltes, der dem Seienden als
Seienden eignet, entkleidet werden. Und deshalb widerfährt jedem Seienden notwendig eine Unterteilung, die
dem Seienden an sich, insofern es sich vom Nichts unterscheidet, zuteil wird.

(3) Das Seiende aber wird zuerst in Substanz und Akzidens unterteilt, weil ihm diese Unterteilung gemäß den ersten Unterschieden zukommt, die an sich sind, insofern es
sich vom Nichts unterscheidet. Das An-sich-Sein und das   20
In-einem-anderen-Sein nämlich sind die ersten Unterschiede, die bewirken, daß sich etwas vom Nichts unterscheidet,
insofern es in seiner Natur ein vollendetes Seiende ist, obwohl Möglichkeit und Wirklichkeit als die Ursprünge der
vollendeten Seienden früher sind.

(4) Und somit ist der mögliche Intellekt, besonders als
einer, der verwirklicht ist, notwendig Substanz oder Akzidens. Wie aber aus dem Vorangehenden deutlich erhellt,
kann er nicht Substanz sein. Also ist er hinsichtlich des Na-
turseins notwendig ein Akzidens.   30

(5) Weil sich aber das dem Erfassen nach Seiende als
solches diesen ersten Bedeutungsgehalt des Seienden,
durch den es sich zuerst vom Nichts unterscheidet, aneig-
net, wenngleich gemäß einer verminderten Bestimmtheit
als einer anderen Gattung zugehöriges Ding, das derjenigen Gattung, von der es herabsteigt, verhältnisgleich ist,
daher kommt es, daß ihm auch diejenige Unterteilung des
Seienden widerfährt, die gemäß der Unterschiede, die zuerst ein Sich-vom-Nichts-Unterscheiden bewirken, nämlich auf die Weise des Erfassens die Weise des An-sich-Be-   40
stehens oder die Weise des In-einem-anderen-Seins zu besitzen, zu beobachten ist. Daraus entstehen im Bereich
der Dinge dem Erfassen nach und besonders beim Intellekt, der auf allgemeine Weise jedes Seiende entweder ge-

mäß der Wirklichkeit oder gemäß der Möglichkeit ist, die Weisen der Substanz und des Akzidens. Und so ist gemäß dem möglichen Intellekt, der auf allgemeine Weise jedes Seiende gemäß der Möglichkeit ist, auf die Weise des Erfassens die Weise der Substanz und des Akzidens anzutreffen.

50 (6) Die Weise der Substanz aber findet sich bei ihm zweifach: einerseits aufgrund seiner Abgetrenntheit, weil der Intellekt hinsichtlich seiner Erkenntnisweise ein Abgetrenntes ist, denn er erkennt ein Ding schlechthin, nicht dies oder das vereinzelte Ding, wie es sich auf die ihr eigentümliche Weise mit der Substanz verhält, die ein gewisses an ihm selbst seiendes und losgelöstes Seiendes ist und nicht dadurch, daß sie eine Weise oder eine Verfaßtheit von etwas ist, Seiendes ist, was dem Akzidens zukommt.

(7) Andererseits besitzt der mögliche Intellekt die Wei-
60 se der Substanz aufgrund seiner Handlung, denn so, wie die Substanz gemäß dem Natursein ein Ding aus seinen Ursprüngen begründet, erkennt der Intellekt ein Ding in seinen Ursprüngen und begründet es so auf die Weise des Erfassens, indem er ihm seine Ursprünge bestimmt, aus denen ein solches Ding nicht nur auf natürliche Weise, sondern auch auf die Weise des Erfassens besteht, und zwar ganz besonders dadurch, daß er seinen ihm eigentümlichen Gegenstand, die Washeit eines Dinges, erkennt. Und so besitzt der Intellekt auf diese beiden genannten Weisen die
70 Weise der Substanz.

(8) Wenn er aber etwas nicht an ihm selbst und losgelöst erkennt, sondern unter der Rücksicht einer Eigentümlichkeit oder ihm eigentümlichen Weise, zum Beispiel daß der Himmel rund ist oder das Dreieck drei Winkel hat, die zwei rechten Winkeln gleichen, dann besitzt er die Weise eines Akzidens oder zumindest einer durch Beschaffenheit ausgezeichneten Substanz, die durch Verändern oder durch auf welche Weise auch immer sich vollziehendes akzidentelles Verwandeln das Ding, auf das sie wirkt, auf akziden-
80 telle Weise gestaltet.

(9) Dabei aber ist ein bestimmter Unterschied zu beobachten, daß nämlich die Substanz etwas auf akzidentelle Weise verändern oder verwandeln kann, wie zum Bei-

spiel das Warme etwas anderes auf akzidentelle Weise er-
wärmen kann. Der Intellekt aber kann ein Verknüpftes nur
aus dem als wahr erfassen, was an sich Ursprung oder
Grund oder Wirkung ist.

9. *Wie sich der mögliche Intellekt in Verschiedenen der*   1
Zahl nach unterscheidet und wie nicht

(1) Die Aussage aber, daß der mögliche Intellekt in allgemeiner Weise jedes Seiende in Möglichkeit ist, diese Aussage ist nicht nur hinsichtlich dessen wahr, daß es, so der
Philosoph[92], möglich ist, daß in ihm alles wird, sondern
auch als einer, der verwirklicht ist, besitzt er Allgemeinheit, aber auf die Weise des Erfassens, denn das, was er erfaßt, erfaßt er, wie gesagt worden ist, auf allgemeine Weise. Gemäß dem Natursein aber ist er ein gewisses Besonde-   10
res, und insofern unterscheidet er sich in Verschiedenen
der Zahl nach. Gemäß dem Sein dem Erfassen nach aber
läßt er keine zahlenmäßige Unterscheidung zu.
(2) Wie dieselbe Art ‚Mensch' sich nicht in verschiedene
Arten des Menschen unterscheiden läßt, so daß alle von
derselben Art ‚Mensch' sind, so wird die allgemeine erfassende Erkenntnis nicht gemäß verschiedenen allgemeinen
erfassenden Erkenntnisakten derselben Art der Zahl nach
unterschieden, und zwar aus zweifachem Grund: Weil sie
nämlich auf allgemeine Weise erfaßt, ist das, was sie er-   20
faßt, der Zahl nach nicht unterscheidbar, wie bereits von
der der Zahl nach nicht unterscheidbaren Art ‚Mensch'
ausgeführt worden ist. Auch besitzt eben die erfassende
Erkenntnis eine solche Weise und macht sich selbst zur
Auflage, daß sie auf die Weise des Erfassens der Zahl nach
nicht unterschieden wird, obwohl sie gemäß dem Natursein
in Verschiedenen der Zahl nach unterschieden werden
kann.

1 10. *Es wird Averroes' irrige Ansicht über die Substanz des*
   möglichen wie auch des tätigen Intellekts dargelegt

(1) Daraus kann auch eine Schlußfolgerung gegen Averroes'[93] irrige Auffassung von der Einheit des möglichen Intellekts, die er annimmt, gezogen werden, wobei nichtsdestoweniger einige besondere Beweisgänge, mit denen gegen ihn vorgegangen werden kann, hinzugefügt werden.
Und zu dem Zweck ist zuvor die Art seiner Annahme bezüglich der Substanz des möglichen Intellekts und seiner
10 Wirklichkeit in den Blick zu nehmen.

(2) Weil der Philosoph Aristoteles[94] aber in unserem in-
tellektualen Bewußtsein einen zweifachen Intellekt annimmt, einen tätigen nämlich, der alles zu machen vermag,
und einen möglichen, der alles zu werden vermag, bestimmt Averroes[95] beide von ihnen als abgetrennte Substanz und als eine Art Intelligenz. Denjenigen, welchen er
möglichen Intellekt nennt, erklärt er[96] in der Ordnung der
Intelligenzen zur untersten, und, insofern er eine Intelligenz ist, ist sein Erkennen derart, daß sein Wirken seine
20 Substanz ist. Und weil er in der Ordnung der Intelligenzen
die unterste und letzte ist, wird er gleichsam als eine Art
Grenze zwischen den intellektuellen oder unvergänglichen
Wesen auf der einen Seite und den vergänglichen körperlichen auf der anderen Seite in der Weise begründet, daß er
in Möglichkeit ist, kraft des tätigen Intellekts von den Dingen, auch von denen, die entstehen und vergehen, die Erkenntnisinhalte abzuheben und aufzunehmen, unter deren
Vermittlung er sich gemäß seinem Untersten auf seiner Seite uns gemäß unserem Höchsten auf unserer Seite hinsicht-
30 lich der in der Denkkraft gebildeten Inhalte eint, und derart vollendet sich unser Erkennen. Und somit unterscheidet sich hinsichtlich dieser Erkenntnisweise sein Wirken
von seiner Substanz.

(3) Das ist Averroes' Ansicht über die intellektuelle Natur in uns, wenn man sie unter Hervorhebung der Hauptpunkte berührt.

11. *Widerlegung dessen, was er vom tätigen Intellekt be-*   1
hauptet

(1) Wenn er aber zuerst vom tätigen Intellekt behauptet, daß er eine abgetrennte Substanz sei, so ist dies oben widerlegt worden, indem unter anderem eine Begründung von der Eigentümlichkeit des Lebens her genommen wurde, daß sich nämlich das Lebende vom Nicht-Lebenden darin unterscheidet, daß es in sich den Ursprung seiner Bewegung besitzt. Da es aber der höchste Lebensgrad des Menschen ist, auf intellektuelle Weise zu leben, ist es nicht 10 wahrscheinlich, daß der vorzüglichste Ursprung dieses Lebens, der tätige Intellekt, nicht einem jeden Menschen zugeeignet wird und ihm nicht innerlich ist. Andernfalls könnte vom Menschen nicht mit größerem Recht behauptet werden, er lebe durch die Handlung des tätigen Intellekts in ihm, als von einer Wand, wenn sie von einem äußeren Wirkenden gefärbt wird. Noch vieles andere ist dort angeführt worden, das hier keiner Wiederholung bedarf.

12. *Widerlegung dessen, was er vom möglichen Intellekt*   1
behauptet, hinsichtlich dessen, daß gezeigt wird, daß
er nicht in Möglichkeit auf eine substantielle Form
hingeordnet ist

(1) Wenn er aber vom möglichen Intellekt behauptet, daß er nämlich eine abgetrennte Substanz oder eine Intelligenz sei, die in Möglichkeit existiert, um die Erkenntnisinhalte abzuheben und aufzunehmen, ist das nicht miteinander vereinbar, daß er nämlich in seinem Wesen eine Intelligenz ist und zugleich in Möglichkeit ist, die Erkenntnis- 10 inhalte aufzunehmen. Denn das Intelligenz-Sein bringt eine gewisse Wirklichkeit einer intellektuellen Substanz mit sich, eine solche Wirklichkeit, durch die eine solche Substanz weder auf eine substantielle Form noch auf eine akzidentelle Verfaßtheit in Möglichkeit hingeordnet ist.
(2) Das erste davon ist offenkundig, weil jede Intelligenz in Wirklichkeit seiender Intellekt ist, jeder durch sein

Wesen in Wirklichkeit seiende Intellekt aber wesentlich
rein Wirklichkeit ist. Im Einfachen nämlich ist zwischen
20 Möglichkeit und Wirklichkeit nicht zu unterscheiden, und
nicht gibt es im Einfachen einen Übergang von der Möglichkeit in die Wirklichkeit in der Weise, daß es gleich einfach bliebe, und nicht gibt es im Unendlichen eine substantielle Verwandlung noch kann es sie geben, und so wäre
dort die Möglichkeit, auf eine substantielle Form hingeordnet zu sein, zwecklos, und folglich wäre auch die Möglichkeit, sich in der Substanz zu verwandeln, zwecklos.

1 13. *Daß eine solche Intelligenz, die er möglichen Intellekt
   nennt, nicht in Möglichkeit auf eine akzidentelle Form
   hingeordnet ist, und es werden vier unzutreffende
   Schlußfolgerungen gezogen*

(1) Eine solche Intelligenz aber ist auch nicht in Möglichkeit auf eine akzidentelle Verfaßtheit hingeordnet.
(2) Eine solche Substanz wäre nämlich in Möglichkeit
auf ein Akzidens hingeordnet; denn die Erkenntnisinhalte, die wir im möglichen Intellekt annehmen, gehören der
10 Gattung der Akzidentien an. Jedes Akzidens aber ist nur
eine Verfaßtheit von etwas, das Teile besitzt, freilich nicht
beliebige, sondern Teile, die später als das Ganze sind, was
auf die Bestimmtheit des Einzelwesens zutrifft. Eine solche Intelligenz jedoch, die Averroes annimmt, besitzt weder solche Teile, noch ist sie ein Einzelwesen. Also ist sie
nicht in Möglichkeit, um einen solchen Inhalt aufzunehmen.
(3) Wie wir ferner auch von Averroes[97] wissen, wird aus
Erkenntnisinhalt und Intellekt mehr ein Eines als aus Stoff
20 und Form, da aus dem Stoff und der Form ein Drittes
wird, der Erkenntnisinhalt aber der Intellekt selbst wird.
Damit stimmen auch Alexander[98] und Alfarabi[99] in ihren
Abhandlungen 'Über den Intellekt und den Erkenntnisinhalt' zusammen. Verschiedene aber können Verschiedenes erkennen. Also sind solche Intellekte gemäß ihrem Wesen verschieden.

(4) Außerdem ist es unmöglich, daß dasselbe Einfache
gemäß einem Identischen verschiedene Verfaßtheiten derselben Gattung aufnimmt, wie es unmöglich ist, daß derselbe Körper gemäß einem identischen Teil mit verschie- 30
denen Farben versehen wird.

(5) Doch auch gesetzt, daß nicht eine so große Identität von Erkenntnisinhalt und Intellekt vorliegt, wie gesagt
worden ist, sondern dort eine Art Zusammensetzung
gleichsam aus Form und Zugrundeliegendem vorhanden
ist, so ist es, da ja alle Erkenntnisinhalte derselben Gattung
zugehören – der Intellekt selbst auch ein gewisses Einfaches ist –, unmöglich, daß er verschiedenen solcher Inhalte zugrunde liegt. Darüber hinaus folgt daraus, daß,
wenn ein Mensch etwas erkennt, unmöglich ein anderer 40
Mensch etwas anderes erkennt, was unzutreffend ist.

14. *Gewisse nichtige und unbegründete Ausschreitungen* 1
werden zurückgewiesen

(1) Wenn er aber behauptet, daß die Erkenntnisinhalte,
die in Verschiedenen verschieden sind, auf eine einfache
Weise im Intellekt sind, der sich mit ihnen auf die eine und
andere Weise verbindet, wie alle stofflichen Formen, die
in Verschiedenen gemäß der Verschiedenheit der Aufnehmenden verschieden sind, dennoch auf eine einfache Weise
im ersten Beweger sind, dann wird argumentiert, daß es
auf diese Weise in einem solchen Intellekt kein erleiden- 10
des und aufnehmendes Vermögen gäbe, sondern vielmehr
eine mitteilende Kraft, was im Widerspruch zum Philosophen im III. Buch der Schrift 'Über die Seele'[100] steht,
und dann bedürften wir nicht des tätigen Intellekts, sondern ein solcher möglicher Intellekt reichte an sich hin.

(2) Außerdem wäre kein derartiger Erkenntnisinhalt,
der eine bestimmte Weise besitzt, im Intellekt, sondern nur
in unserem vorstellenden Bewußtsein, was er selbst nicht
behauptet.

(3) Wenn sich aber jemand einbildete, daß derartige Er- 20
kenntnisinhalte auf einfache Weise gemäß einem mögli-

chen Sein in einem solchen Intellekt sind in Rücksicht auf
bestimmte Inhalte, gemäß denen er eine Verschiedenheit
annimmt, wie es sich mit der Einheit und Einfachheit der
Gattung in Rücksicht auf die Arten verhält, durch die die
Einheit eine Verschiedenheit annimmt, die Einfachheit
einer solchen Gattung bestimmt wird und die Möglichkeit
verwirklicht wird, dann wird argumentiert: Da durch eine
solche Bestimmung jenes Mögliche, das im Intellekt ange-
30 siedelt wird, Mannigfaltigkeit und Verschiedenheit annimmt und verwirklicht wird, wie er behauptet, — und die
Wirklichkeit ein Ding der Zahl nach zu unterscheiden
hat —, wird demnach durch eine solche Bestimmung und
Verwirklichung, die durch die Einung eines solchen Intellekts mit Verschiedenen geschieht, der Intellekt selbst in
seiner Substanz ein Vieles, besonders wenn aus Erkenntnisinhalt und Intellekt mehr ein Eines wird als aus Stoff
und Form, die auf substantielle Weise geeint sind, eine Folgerung, die bereits oben gezogen worden ist. Vielmehr,
40 wenn auch nicht eine so große Einheit vorliegt, sondern
eine Zusammensetzung aus Intellekt und Erkenntnisinhalt
gleichwie aus Zugrundeliegendem und Form, die sich wesentlich voneinander unterscheiden, vorhanden ist, würde
der Intellekt auch noch verschiedenen Wirklichkeiten
unterstehen, die der Gattung nach identisch wären, sich
aber der Art nach unterschieden, was bei demselben Einfachen nicht möglich ist.

1 15. *Zur Erklärung der Ausführungen wird gezeigt, auf wel-*
che verschiedene Weise sich Allgemeinste und verschie-
dene Arten unter einer univoken Gattung voneinander
unterscheiden

(1) Zur Erhellung dessen ist in Betracht zu ziehen — deshalb ist auch dieser Gedanke, der oben vorgestellt worden
ist, hier wiederholt worden —, ist, so meine ich, in den
Blick zu nehmen, daß es sich mit der Unterscheidung der
Gattungen, besonders der allgemeinsten, oder dessen, was
10 sich der Gattung nach unterscheidet, anders verhält als mit

der Unterscheidung der Arten unter derselben Gattung.

(2) Dem ersten davon, das heißt der Unterscheidung der
Gattungen, widerfahren Identisches und Verschiedenes, insofern sie sich an ihnen selbst und losgelöst auf die Wesenheiten der Dinge beziehen. Gemäß dieser Unterscheidung
widerfährt ihnen jedoch nicht eine konträre Gegensätzlichkeit. Gemäß Augustin in der Schrift 'Über die Unsterblichkeit der Seele', Kap. 16[101], ist dem Wesen als Wesen
nämlich nichts konträr entgegengesetzt.

(3) Der Unterscheidung dessen aber, was sich der Art   20
nach unter derselben Gattung unterscheidet, widerfahren
Identisches und Sich-Unterscheidendes bezüglich eines
Einen, welches Eine der Ordnung nach früher die mögliche Natur der Gattung ist. Und zweitens ist bei dem, was
der Gattung der Akzidentien zugehört, jenes Eine ein Zugrundeliegendes, bezüglich dessen solches konträre Gegensätzlichkeit aufweist. Denn es widerfährt einer derartigen
Unterscheidung eine gewisse konträre Gegensätzlichkeit,
nämlich gemäß der Beraubung und der Form bezüglich derselben möglichen Natur der Gattung. Und daher bringt   30
auch von allen Unterschieden, die eine Gattung unter-
teilen, der eine die Beraubung eines anderen mit sich, und
folglich bringt von allen akzidentellen Formen, die sich der
Art nach unterscheiden, die eine von ihnen die Beraubung
einer anderen bezüglich desselben Zugrundeliegenden mit
sich. Und deshalb haben sie im selben Zugrundeliegenden
nicht zugleich Bestand, und ein und dasselbe kann gemäß
demselben nicht zugleich durch mehrere solcher Arten gestaltet werden, besonders wenn es in seinem Wesen einfach
gewesen sein soll. Und so verhält es sich in bezug auf den   40
Intellekt, wie gesagt worden ist.

(4) Das aber, was der Gattung nach verschieden ist, was
daher keine konträre Gegensätzlichkeit zueinander aufweist, kann dem Zugrundeliegenden nach zugleich sein,
wie derselbe Körper durch Größe und Beschaffenheit bestimmt ist, und das gilt auch von anderem.

1 16. *Über die dreifache Art oder Weise der Gegenstände*
des möglichen Intellekts im allgemeinen

(1) Jetzt ist über den Gegenstand des möglichen Intellekts zu handeln.

(2) In bezug darauf ist in Betracht zu ziehen, daß der Gegenstand des möglichen Intellekts gemäß dem Philosophen[102] die Washeit ist, und zwar zuerst und besonders an sich. Die Washeit aber ist das, wodurch ein Ding gemäß formaler Wirklichkeit das ist, was es ist, sei es in der Gattung
10 der Substanz, sei es in der Gattung der Akzidentien, sei es im Bereich des Einfachen, sei es im Bereich des Zusammengesetzten.

(3) Und so ist in der Gattung der zusammengesetzten Substanz die Washeit die Form selbst, der eine Teil des Zusammengesetzten nämlich, wie die Seele im Beseelten. Wenn von daher gemäß dem Philosophen in der 'Metaphysik'[103] das Lebewesen einzig Seele wäre, wären das Lebewesen und seine Washeit identisch. Folglich sind von daher im Bereich des Einfachen eben das Einfache und seine Washeit
20 identisch.

(4) Und weil im Bereich der Akzidentien eben die Substanz das Formalste ist, das in der Bestimmung und im Wesen des Akzidens zu beobachten ist, deswegen ist die Washeit des Akzidens die Substanz, wie in unserer Abhandlung 'Über die Washeiten'[104] gezeigt worden ist. Das Akzidens läßt sich nämlich gemäß dem Philosophen im VII. Buch der 'Metaphysik'[105] in eigentümlicher und realer Definition nicht ohne die Substanz definieren, und die Substanz ist das der Wirklichkeit nach Formalste, das in die Definition
30 des Akzidens eingeht. Insofern ist von daher die Substanz die Washeit des Akzidens, obwohl das einigen sonderbar erscheinen könnte, nach Prüfung aber nicht seltsam sein dürfte. So ist also der Gegenstand des Intellekts zuerst und besonders an sich die Washeit unter der genannten Hinsicht.

(5) In zweiter Linie ist der Gegenstand des Intellekts das Was selbst, das eine solche Washeit besitzt, so in der Gattung der aus Stoff und Form zusammengesetzten Substanz die ganze zusammengesetzte Substanz wie der ganze

Mensch. Und deswegen umschreibt man[106] eine solche Washeit im Abgehobenen durch eine Benennung, die die Form 40
des Ganzen anzeigt, zum Beispiel durch Mensch-Sein.

(6) In bezug auf das Einfache ist unmittelbar offenkundig, daß nämlich eben das Einfache Gegenstand des Intellekts ist.

(7) Auch ist demgemäß in bezug auf die Akzidentien
klar, daß das ganze Akzidens, das auf sich all das, was sich
auf seine Begründung bezieht, versammelt, Gegenstand des
Intellekts ist. Von daher sagt man auch gemeinhin, daß in
einer jeden Gattung der Akzidentien eine eigentümliche
Washeit gemäß der Form jener Gattung anzutreffen ist, die 50
man auch im Abgehobenen umschreibt, wie man zum Beispiel das Weiß-Sein als Washeit des Weißen bezeichnet und
von ihm sagt, es sei Gegenstand des Intellekts. Es ist zwar
wahr, daß es Gegenstand des Intellekts ist, aber, wie vorausgeschickt worden ist, in zweiter Linie, insofern nämlich
das, welches die Washeit besitzt, Gegenstand ist.

(8) An dritter Stelle und in dritter Linie ist alles Ver-
knüpfte Gegenstand des Intellekts, und zwar einzig jenes,
das an sich ist, auf welche Weise von Verknüpfung auch immer es verknüpft ist, sei es durch einfaches Aneinander- 60
reihen ohne ein Zeitwort als Bindeglied, wie es bei Formal-
definitionen geschieht — so heißt es: verstandesbegabtes
Lebewesen —, sei es, daß es unter Vermittlung eines Zeit-
wortes als Bindeglied verknüpft ist, zum Beispiel: Das
Dreieck besitzt drei Winkel.

(9) Ich meine aber das, was an sich ist, in der Weise,
daß alle Weisen dessen, was gemäß der Aufzählung des
Philosophen in der 'II. Analytik'[107] an sich ist, zu durchlaufen sind, wie im Fall der ersten, zweiten und vierten
Weise offenkundig ist. Aber es findet auch gemäß der drit- 70
ten Weise, obwohl jene beim Unverknüpften zu beobachten ist, zum Beispiel bei ‚Mensch‘, ‚Dreieck‘ und so weiter,
die Bestimmung ‚Gegenstand‘ Verwendung, insofern sich
derartig Unverknüpftes auf bestimmte ihm eigentümliche
Bestimmungen, die an sich sind, zurückführen läßt.

1 *17. Wie ein Ding nicht unter die Bestimmung ‚Gegenstand*
des Intellekts' fällt, und was von der Bestimmung ‚Ge-
genstand' im allgemeinen gilt

(1) Wenn man nämlich allgemein redet, vermag kein
Unverknüpftes als solches Gegenstand des Intellekts zu
sein, obwohl auch ein Unverknüpftes von allem Besonderen abgehoben wird, zum Beispiel der Mensch von allen
besonderen Menschen, von jeder Form und allen Akzidentien, die eine äußerliche Verfaßtheit bewirken, welches
10 meint: den Bedeutungsgehalt eines Dinges von seinem Er-
scheinungsbild abzutrennen, was in uns das Werk der
Denkkraft ist, der unterscheidenden Kraft. Erkennen heißt
nämlich nicht, ein Ding auf beliebige Weise zu erfassen,
sondern Erkennen heißt, ein Ding innen zu erforschen.
(2) Am innerlichsten aber ist das, was an sich einem
Ding beiwohnt, sei es, daß es die Ursprünge eines Dinges
sind, die an sich sind, sei es, daß es die Gründe oder Wir-
kungen eines Dinges sind, die an sich sind, oder seien es
beliebige Begleitmerkmale oder Beschaffenheiten, die ein
20 Ding, welches auch immer es sein mag, an sich umgeben.
Die Hinordnung und der Bezug eines Dinges auf alles derartige, das an sich ist, entstammen dem Inneren des Dinges,
und deswegen ist jenes, was an sich einem Ding zukommt,
auch innerlich, und es verhält sich zum Intellekt wie Er-
kenntnisursprünge, durch die ein Ding insofern gleichsam
von seinem Inneren her erfaßt wird. Von solchen nämlich
zeigt ein jedes allgemein das Wesen eines Dinges an, wie
denn Anselm in bezug auf die Definition eines Dinges ein
Beispiel setzt und folglich vorbringt, wie der Bedeutungsge-
30 halt eines Dinges seines Erscheinungsbildes entkleidet
wird. Denn er bemerkt im 'Monologion', Kap. 11[108], folgendes: „Anders nämlich spreche ich den Menschen, wenn
ich ihn mit der Benennung ‚Mensch' bezeichne, anders,
wenn ich eben diese Benennung schweigend denke, anders,
wenn der Geist diesen Menschen selbst entweder durch das
Bild seines Körpers oder durch die Vernunft anschaut,
durch das Bild seines Körpers, wie wenn er sich seine wahr-
nehmbare Gestalt vorstellt, durch die Vernunft aber, wie

wenn er sein allgemeines Wesen, nämlich vernunftbegabtes, sterbliches Lebewesen, denkt." Und so steht es auch mit 40 dem anderen, was an sich ist, aus dem der Geist das allgemeine Wesen eines Dinges begreift.

(3) Dies also, um allgemein zu reden, ist die dreifach abgestufte Reihenfolge der Gegenstände des Intellekts in Anlehnung an die Ordnung der Dinge draußen, die außen erkannt werden. Entweder nämlich ist in einem Ding die Washeit des Dinges zu beobachten oder das Was selbst, das eine solche Washeit besitzt, oder die Verknüpfung von Dingen. Das alles ist, insofern es an sich ist, Gegenstand des möglichen Intellekts, und der Intellekt erfaßt es, jedoch 50 nicht ohne das Licht der ersten Wahrheit, die Gott ist und in der er auf intellektuelle Weise alles das schaut, was er wahrhaft in einer jeden Gattung der zuvor aufgezählten Gegenstände erkennt, wie Augustin an sehr vielen Stellen[109] meint.

18. *Daß alles, was erkannt wird, im Licht der ersten Wahr-* 1
heit, die Gott ist, geschaut wird. Und zu dem Zweck
wird zuerst vorausgeschickt, daß in jeder Begründungs-
ordnung das zweite das erste hinsichtlich zweier Mo-
mente, die dort aufgewiesen werden, voraussetzt

(1) Zur Erhellung dessen ist einiges, das unserer Beweisabsicht zuträglich ist, in Betracht zu ziehen und vorauszuschicken, und zwar zuerst, daß in jeder Begründungsordnung das zweite das erste hinsichtlich zweier Momente voraussetzt.   10

(2) Das eine davon betrifft das Maß an Vorrang oder überragendem Rang, das in eigentümlicher Weise eben dem ersten innerhalb jener ganzen Ordnung von Begründungsinstanzen eignet, daß es nämlich so sehr einfacher, vortrefflicher und wirkungsfähiger ist, daß die ganze folgende Ordnung von ihm abzuhängen vermag.

(3) Das andere ist das ihm, eben dem ersten nämlich, und allen Instanzen jener Ordnung Gemeinsame, die nichtsdestoweniger nur vom ersten her an jenem Gemein-

20 samen teilhaben, wie es die Erkenntnis des Wahren in allen
Intellekten ist, welche gemäß Augustin in der Schrift 'Über
die Genesis', Buch XII, Kap. 50[110], keine Falschheit befallen kann; er zeigt dort, daß und warum die intellektuelle
Schau keiner Täuschung anheimfällt, und er verweist auf
einiges derartig Gemeinsame, so auf das Seiende, das Lebende und anderes.

1 *19. Es wird ein anderes vorausgeschickt, daß sich nämlich jenes, das allem innerhalb einer bestimmten Ordnung gemeinsam ist, auf vortrefflichere Weise im Ursprung jener Ordnung findet*

(1) Bezüglich dessen ist an zweiter Stelle in Betracht zu
ziehen, daß jedes derartige Gemeinsame, an dem die ganze
Begründungsordnung teilhat, auf vortrefflichere, einfachere und reinere Weise im Ursprung jener Ordnung anzutreffen ist als in den folgenden Instanzen und sich vom anderen
10 hinsichtlich des Seins unterscheidet, nicht jedoch hinsichtlich des Wesens, gemäß dem jenes Gemeinsame insofern,
als es sich in den verschiedenen Begründungsinstanzen
jener Ordnung findet, sich der Zahl nach nicht unterscheidet und nicht in zahlenmäßigen Unterschied fällt. Vielmehr unterscheidet es sich der Zahl nach nur gemäß einem
verschiedenen Sein, weil in bezug auf jenes Gemeinsame
hinsichtlich dessen, was es durch sein Wesen ist, alles, was
sich in einer der Begründungsinstanzen findet, auch in der
anderen anzutreffen ist, jedoch gemäß einem anderen Sein,
20 wie auch der Philosoph[111] über den Sinn bemerkt, daß
nämlich der verwirklichte Sinn und das Wahrgenommene
identisch sind, jedoch gemäß einem anderen Sein.
(2) Hier aber besteht jenes verschiedene Sein darin, daß
jenes Gemeinsame auf losgelöstere, einfachere und vortrefflichere Weise im Ursprung jener Ordnung ist, als es in
den Zweitinstanzen zu sein vermag. In den Zweitinstanzen
einer solchen Ordnung aber ist es auf bestimmte, ver-
schränkte und deswegen insofern einmal auf weniger allgemeine Weise, als sich die Allgemeinheit der Gattung zur

Art verschränkt. Und dies, nämlich die Gattung, und das, 30
nämlich die Art, fallen nur insofern in zahlenmäßigen Unterschied, als das durch sein Wesen Identische innerhalb
der Gattung und innerhalb der Art unter der Hinsicht verschiedenen Seins erkannt wird.

(3) Dies gilt hier hinsichtlich des Gemeinsamen, das in
der ganzen Begründungsordnung dasselbe ist.

20. *Daß jenes Gemeinsame in den Zweitinstanzen kraft* 1
des ersten anzutreffen ist, und es erfolgen die Anwen-
dung und der Schluß auf das Beweisziel aufgrund des
Vorausgeschickten

(1) Drittens ist in Betracht zu ziehen, daß ein solches
Gemeinsames, das innerhalb jener ganzen Begründungsordnung im Verschiedenen so verstreut ist, in den Zweitinstanzen so sehr kraft des ersten anzutreffen ist, daß ohne
das erste keine der Zweitinstanzen noch Bestand hätte, weder der Sache noch dem Begriff nach, obwohl das nicht 10
umgekehrt gilt, daß nämlich ohne die Zweitinstanzen das
erste notwendig beseitigt wäre. Wenn also ein solches Gemeinsames entweder der Sache oder der Handlung nach in
einer der Zweitinstanzen angenommen wird, ist es erforderlich, entweder der Sache oder der Handlung nach ein
erstes vorauszusetzen, nur der Sache nach, wenn jenes Gemeinsame nur eine Sache sein dürfte, der Handlung nach
aber, wenn jenes Gemeinsame eine Handlung sein dürfte.

(2) Da also die Erkenntnis des Wahren ein solches Gemeinsames in allen Intellekten ist, in allen, das heißt 20
meiner Meinung nach: allgemein und an sich in allen, dann
steigt auch ein solches Gemeinsames, das somit allem allgemein und an sich zukommt, vom Ursprung jener intellektuellen Begründungsordnung auf alles herab, was jener
intellektuellen Ordnung zugehört. Eben diese Erkenntnis des Wahren ist auch eine gewisse Handlung; daher ist
es bei jeder intellektuellen Handlung, wo etwas wahrhaft
erkannt wird, notwendig, daß die erste Wahrheit, die dem
göttlichen Geist innewohnt, im Erkannten selbst wider-

30 strahlt und kraft ihrer eine solche Erkenntnis vollendet
wird, die, obwohl sie, sofern sie in Gott ist, wesentlich eine
und einfach ist, dennoch den Bestimmungen nach eine
Vielheit ist gemäß der Eigentümlichkeit und Entsprechung
einer Vielzahl von Dingen, die auf Gott bezogen sind und
die, wie es heißt, eine Vielzahl von Bestimmungen in Gott
besitzen, wie zum Beispiel in Gott eine Bestimmung die
des Menschen ist, eine andere die des Rindes.
    (3) Wie aber dies, nämlich die bestimmte Bestimmung
des Menschen, insofern nicht der Zahl nach in Unter-
40 schiedenheit von dem, nämlich der ersten Wahrheit, fällt,
als sie Gott auf einfache Weise und unbestimmt innewohnt, so bedeutet dies, den Menschen unter dieser bestimmten Bestimmung zu erkennen: die erste Wahrheit in
sich selbst zu erkennen. Und gerade davon spricht Augustin an vielen Stellen. Von daher bemerkt er in der Schrift
'Über die wahre Religion', daß die unveränderliche Wahrheit in diesem Leben mit dem Geist geschaut wird, wenn
jemand über Wahres urteilt, 'Über die wahre Religion',
Kap. 53[112], und daß jene Gott ist, Kap. 54 und 55, 57, 62,
50 68, 69, 78, 79, 97, 100, und dies deutet er an anderen,
unzählig vielen Stellen[113] an.

1 *21. Daß Ursache und Verursachtes in einem anderen Ver-*
    hältnis zueinander stehen als der Bestimmungsinhalt
    und jenes, auf das hin die Bestimmung erfolgt

    (1) Zum Zweck der Erweiterung des Wissens um das,
was ausgeführt worden ist, ist aber zu beachten, daß es
sich mit Ursache und Verursachtem als solchen sowohl in
sich als in Beziehung zueinander anders verhält als mit dem
Bestimmungsinhalt und jenem, auf das hin bestimmt wird,
als solchen.
10   (2) Das Verursachte nämlich verhält sich zur Ursache
sowohl gemäß dem Wesen als auch gemäß dem Sein aufgrund von Hinzufügung, und sie unterscheiden sich der
Zahl nach gemäß beidem, nämlich sowohl gemäß dem Wesen als auch gemäß dem Sein. Und eben der Bedeutungs-

gehalt der Ursache entfernt sich auch im Verursachten von
der ihm eigentümlichen Bestimmtheit, wie es bei der Wirksamkeit des Himmels offenkundig ist, der durch sein Wesen in diesem seinem niederen Verursachen nicht gemäß
der ihm eigentümlichen Bestimmtheit verbleibt, und das
Verursachte selbst steht nur aufgrund von Hinzufügung 20
in einer Beziehung und fällt sowohl hinsichtlich des Wesens als auch hinsichtlich des Seins der Zahl nach in Unterschiedenheit von dem Wesen des Himmels, und das gilt
auch von den anderen Ursachen und Verursachten als solchen.

(3) Nicht so verhalten sich der Bestimmungsinhalt und
das, auf das hin die Bestimmung erfolgt, zueinander, weil
derartiges gemäß dem Wesen nicht aufgrund von Hinzufügung in einer Beziehung zueinander steht, obwohl es sich
gemäß dem Sein der Zahl nach unterscheidet, und eben 30
der Bestimmungsinhalt, der im Bestimmten existiert, sich
nicht von der ihm eigentümlichen Bestimmtheit entfernt,
nicht von ihr abfällt, sondern bei einem solchen Bestim-
mungsvollzug wesentlich identisch und von derselben Bestimmtheit und Eigentümlichkeit bleibt, nur gemäß dem
Sein freilich Mannigfaltigkeit annimmt, und in der verschiedenen Seinsweise wesentlich identisch und von derselben Bestimmtheit bleibt, wie im einzelnen bei dem, was
so bestimmt wird, offenkundig ist, sei es, daß es wie die
Möglichkeit zur Wirklichkeit, wie die Gattung zur Art be- 40
stimmt wird, sei es, daß ein in Wirklichkeit Existierendes
zu einem mehr Möglichen bestimmt wird, wie Seiendheit,
Gutheit, Wahrheit und ähnliches von höheren und abgetrennten Gründen zu niederen bestimmt werden.

(4) Und weil sich solches über die ganze derartige Begründungsordnung der Seienden hin kraft des Ursprungs
einer solchen Ordnung verstreut ergießt, deshalb ist es der
Natur nach früher in eben dem Ursprung, kraft dessen es
sowohl gemäß dem Sein als auch gemäß bestimmter und
wahrer Erkenntnis in die Zweitinstanzen versetzt wird. 50
Und solches wahrhaft und vollkommen erkennen heißt
daher, es zu erkennen, sofern es in einem solchen Ursprung
ist. Auf intellektuelle Weise eine Wahrheit erfassen, welche

auch immer es sein mag, bedeutet daher notwendig, sie in der ersten Wahrheit zu erfassen, die gemäß der Ansicht Augustins[114] Gott innewohnt.

1 22. *Die Absicht, über den Gegenstand des möglichen Intellekts im besonderen zu handeln, und es wird vorausgeschickt, daß jeder Begründungsvorgang in einem gewissen bestimmten Bezugsverhältnis besteht*

(1) Damit genug vom Gegenstand des möglichen Intellekts im allgemeinen!

(2) Dies aber ist nun mehr im besonderen abzuhandeln und aufgrund seiner Hinordnung und seines Bezuges zu seinem begründenden Ursprung in Betracht zu ziehen, fer-
10 ner aufgrund seiner eigenen Eigentümlichkeit an ihm selbst, ferner aufgrund seines Bezugsverhältnisses zu den Dingen draußen, die er erkennt, und in welcher Reihenfolge er sie erkennt.

(3) Hinsichtlich des ersten davon ist zuvor zu bemerken, daß jeder Begründungsvorgang in einem gewissen Bezugsverhältnis zwischen dem, was hervorgeht, und dem, aus dem es hervorgeht, besteht und umgekehrt. Denn die bestimmten Dinge gingen aus den bestimmten Ursprüngen nicht anders hervor als andere Dinge, die aus anderen Ur-
20 sprüngen hervorgehen. Ferner ginge sonst dieses aus jenem ebensosehr hervor wie umgekehrt; ausschlaggebend ist nur ein so oder so beschaffenes Bezugsverhältnis.

1 23. *Daß sich hinsichtlich solcher Bezugsverhältnisse Grund und Begründetes im Bereich der natürlichen Seienden anders verhalten als im Bereich des Intellektuellen*

(1) Hinsichtlich dieser Bezugsverhältnisse aber verhält es sich mit den Naturdingen, die von den Intellekten verschieden sind, anders als mit den Intellekten, zwischen denen eine Begründungsordnung zu beobachten ist.

(2) Die von den Intellekten verschiedenen Naturdinge,

bei denen Grund und Begründetes zu beobachten sind, besitzen nämlich solche Bezugsverhältnisse untereinander auf 10
natürliche Art, das heißt auf die Weise der Natur, nicht jedoch auf intellektuelle Weise, daß nämlich der Grund im
Vollzug des Begründens sein Begründetes erkennt und eben
das Begründete insofern, als es begründet wird und aus
seinem Grund hervorgeht, seinen Grund erkennt, sondern
nur, wie gesagt worden ist, auf natürliche Art, das heißt
auf die Weise der Natur, insofern die Natur gegen den
Intellekt abgesetzt wird.

(3) Bei den Intellekten aber, sei es, daß sie Gründe, sei
es, daß sie Begründete sind, lassen sich diese Bezugsverhält- 20
nisse, die zwischen Grund und Begründetem und umgekehrt bestehen, auf intellektuelle Weise beobachten, das
heißt, daß der Grund im Vollzug des Begründens sein Begründetes erkennt und das Begründete in dem, daß es aus
seinem Grund hervorgeht, seinen Grund erkennt.

24. *Erweis des Beweiszieles aufgrund von Autorität und*   1
   Vernunftargument

(1) Hinsichtlich des Intellekts, der Grund von etwas ist,
erhellt es aus Proklus, wie oben gegen Anfang aus dem
171. Satz[115] angeführt worden ist. Er sagt folgendes:
„Jeder Intellekt setzt im Erkennen das ein, was nach ihm
ist, und sein Tun ist sein Erkennen, und seine Erkenntnis
ist sein Tun." Und das wird ebenda im Kommentar[116] in
der Weise bewiesen: „Denn es gibt den Intellekt und das
Seiende, das in ihm mit ihm identisch ist. Wenn er also 10
durch das Sein sein Tun verrichtet, das Sein aber Erkennen ist, verrichtet er sein Tun durch Erkennen."

(2) Hinsichtlich desjenigen Intellekts aber, der aus
einem anderen hervorgeht, in Anbetracht des Bezugsverhältnisses zwischen ihm und seinem Grund nämlich, können wir aufgrund des 31. Satzes[117] eben dieses Proklus für
das Beweisziel argumentieren, wo er folgendes bemerkt:
„Jedes, das gemäß dem Wesen aus einem anderen hervorgeht, wendet sich jenem, aus dem es hervorgeht, wieder

20 zu." Dazu ebenda folgender Kommentar[118]: „Das einzelne
erstrebt also auch seinen Grund. Wodurch einem jeden
nämlich das Sein zuteil wird, dadurch ist es auch gut. Wodurch es aber gut ist, darauf erstreckt sich zuerst das Streben. Worauf sich aber zuerst das Streben erstreckt, darauf
bezieht sich die Umwendung."

(3) Aufgrund dessen läßt sich folgendermaßen für das
Beweisziel argumentieren: Jeder Intellekt, der aus einem
anderen hervorgeht, wendet sich ihm gleich als seinem
Grund wieder zu. Eine solche Umwendung aber geschieht
30 nur durch Streben. Jedes Streben des Intellekts aber geschieht nur intellektuell, weil es nur gemäß der Weise, in
der er erkennt, geschieht. Also geschieht eine solche zu
seinem Grund sich vollziehende Umwendung des Intellekts
intellektuell. Demnach ist das Bezugsverhältnis zwischen
dem Intellekt, der aus einem anderen hervorgeht, und
gleichsam seinem Grund intellektuell, das heißt, daß er
dadurch, daß er sein Wesen empfängt, in dem, daß er sein
Wesen empfängt, seinen Grund erkennt.

(4) Hinsichtlich beider Intellekte zugleich aber, das
40 heißt hinsichtlich des Intellekts, der Grund ist, und hinsichtlich des Intellekts, der Begründetes eines anderen ist,
betreffs der Bezugsverhältnisse zwischen ihnen untereinander nämlich, daß eben solche Bezugsverhältnisse intellektuell sind, besitzen wir Kenntnis aufgrund des 8. Satzes des
'Buches über die Ursachen'[119], wo dies zum Ausdruck gebracht wird: „Jede Intelligenz weiß, was über ihr ist, und
weiß, was unter ihr ist. Sie weiß aber, was unter ihr ist,
weil sie für es Ursache ist, und weiß, was über ihr ist, weil
sie von ihm die Gutheiten erwirbt."

1 **25. *Zurückweisung einer gewissen trügerischen Einwendung***

(1) Und weil jemand durch trügerisches Auslegen behaupten könnte, daß der Verfasser des 'Buches über die
Ursachen' nicht von jenen Substanzen spricht, die die Philosophen Intelligenzen nannten, was ja unserem Vorhaben

nicht entgegenzukommen scheint, wo wir die Absicht haben, über den möglichen Intellekt zu handeln, daher ist
weiter fortzugehen zur Absicht der angeführten Autorität
und zu zeigen, wie sie unserem Vorhaben entgegenkommt,   10
und zwar anhand des Kommentars[120] ebenda, wo es folgendermaßen heißt: „Und zwar ist die Intelligenz eine erkennende Substanz. Also weiß sie gemäß der Weise ihrer
Substanz die Dinge, die sie von oben erwirbt, und die Dinge, für die sie Ursache ist." Und weiter unten[121]: „Und sie
weiß, daß das, was über ihr ist, für sie Ursache ist und das,
was unter ihr ist, von ihr verursacht ist." Und weiter unten[122]: „Und auf ähnliche Weise weiß jeder Wissende ein
besseres oder schlechteres Ding nur gemäß der Weise seiner Substanz und seines Seins und nicht gemäß der Weise,   20
gemäß der die Dinge sind. Und wenn das der Fall ist, dann
sind die Gutheiten, die die Intelligenz von der ersten Ursache her überkommen, ohne Zweifel in ihr von geistigem
Gehalt. Auf ähnliche Weise sind die sinnlich wahrnehm-
baren Körperdinge in der Intelligenz von geistigem Gehalt."
    (2) Die Erwägung des angeführten Satzes und des Kom-
mentars findet darin eine Stütze, was Boethius[123] sagt,
nämlich: Jegliches, was in einem anderen ist, ist dort auf
die Weise dessen, in dem es ist, wie das, was im Sinn ist,
dort auf sinnliche Weise ist und das, was in der Einbildung   30
ist, dort auf die Weise der Einbildung ist; also ist aus demselben Grunde das, was im Intellekt ist, dort auf intellektuelle Weise. Also sind die Bezugsverhältnisse zwischen den
Intellekten, von denen der eine Grund und der andere Begründetes ist, intellektuell, da solche Bezugsverhältnisse
auf natürliche Weise real und nicht vom Verstand auferlegt sind.
    (3) Hier erhebt sich ein nicht zu verhehlendes Beden-
ken. Es ist nämlich gesagt worden, daß der mögliche Intellekt, der aus seinem Grund hervorgeht, ihn erkennt   40
und dadurch sein Wesen erlangt. Als Grund dafür ist gesagt worden, daß er, indem er hervorgeht, sich ihm durch
sein intellektuelles Streben wieder zuwendet, weil er gemäß der Weise seiner Substanz erkennt, erstrebt und sich
umwendet. Dies alles geschieht also in ihm nur auf intel-

lektuelle Weise. Ebenso dürfte es sich, wie es scheint, beim
Sinn verhalten, daß er nämlich gemäß der Weise seiner Substanz innerhalb seiner Gattung seinem Grund zugewandt
ist, nämlich auf sinnliche Weise, und daß er gemäß sich
50 selbst seinen Grund erkennt, aus dem er hervorgeht, und
zwar gemäß dem hier angeführten 31. Satz des Proklus[124].

(4) Dazu aber ist zu bemerken und für unser Beweisziel
zuvor zu beachten, daß immer, wenn man in einer Rede
eine Bestimmung vornimmt, die tauglich ist, auf verschiedene Teile eben dieser Rede bezogen zu werden, in dem
Fall, daß sie auf eines festgelegt wird, anderes in der Weise
gänzlich leer bleibt, daß sie jenes nicht bestimmt, es sei
denn der Folgerichtigkeit nach aufgrund der Kraft und der
Beschaffenheit dessen, das in einer solchen Rede umgriffen
60 wird.

(5) Dies ist bei der Proklus entnommenen vorliegenden
Rede hinsichtlich derjenigen Bestimmung in den Blick zu
nehmen, die der folgende Redeteil, nämlich ‚durch das Wesen‘, mit sich bringt, weil sie zuerst und wahrhaft jenes bestimmt, aus dem das Hervorgehen erfolgt, das heißt eben
den Grund und die Weise des Begründens, und so wird angezeigt, daß er ein wesentlicher Grund ist, der akzidentelle
Grund, der als Mittel dienende und der der Fertigkeit zugehörende werden ausgeschlossen, und somit ist er unmit-
70 telbar durch sein Wesen Grund. Jene genannten Weisen
aber kommen einem Grund in Rücksicht auf ein Einzelwesen als Einzelwesen zu, worüber hier nicht gehandelt wird.

(6) Der Folgerichtigkeit nach bestimmt zweitens die
genannte Bestimmung, nämlich ‚durch das Wesen‘, auf ähnliche Weise das Hervorgehende selbst hinsichtlich seiner
Substanz und hinsichtlich der Weise des Hervorgehens,
was der Substanz des Grundes und der Weise des Begründens entstammt, auf die er durch sein Wesen begründet.
Und deshalb wird hier auf ähnliche Weise jede auf ein Ein-
80 zelwesen zutreffende Eigentümlichkeit in der Weise ausgeschlossen, daß ein so Hervorgehendes, insofern es aus
einem solchen Grund hervorgeht, durch sein Wesen als
Seiendes schlechthin, nicht der Vereinzelung nach hervorgeht, zumindest in der Gattung der dem Erfassen nach

Seienden. Auch geht es nicht gemäß einer der drei genannten Weisen, die oben ausgeschlossen worden sind, hervor,
weil es nicht auf akzidentelle, nicht auf als Mittel dienende und nicht auf der Fertigkeit zugehörende Weise hervorgeht — dies ist sowohl seitens des Grundes als auch seitens
seiner ausgeschlossen —, sondern es geht, wie gesagt wor-   90
den ist, durch sein Wesen hervor. Und somit läßt sich dort
nicht zwischen wesentlicher und akzidenteller Möglichkeit unterscheiden, eine Unterscheidung, wie sie der Philosoph im VIII. Buch der 'Physik'[125] trifft. Von daher geht
es im ersten Hervorgehen gemäß der Wirklichkeit seiner
Substanz hervor. Der Zeit nach aber aus der akzidentellen
und wesentlichen Möglichkeit hervorzugehen kommt dem
Einzelwesen als Einzelwesen zu.

(7) Der Folgerichtigkeit nach bestimmt drittens die
vorausgeschickte Bestimmung, nämlich ‚durch das Wesen‘,   100
das Zeitwort der Umwendung, und sie bestimmt den wirklichen Vollzug und die Weise der Umwendung derart, daß
ein entsprechend den Ausführungen aus etwas durch sein
Wesen Hervorgehendes sich ihm auch wieder durch sein
Wesen zuwendet. Dies nämlich ist der Folgerichtigkeit
nach der Fall, und somit läßt sich dort nicht zwischen der
Substanz und der Handlung unterscheiden, daß es sich
nämlich gemäß seiner Handlung und nicht gemäß seiner
Substanz umgewandt hat. Denn dies ist unmöglich und
auch das, daß es sich gemäß seiner Substanz und nicht ge-   110
mäß seiner Handlung wahrhaft umgewandt hat, weshalb
Substanz und Handlung sich nicht unterscheiden. Das aber
ist nur beim Intellekt anzutreffen.

(8) Das also, was angesprochen worden ist, findet im
Sinn nicht statt, und deswegen ist die Einwendung, die in
bezug auf den Sinn angeführt worden ist, hier wirkungslos,
was offenkundig ist, wenn man das einzelne durchläuft.

(9) Denn bei der Entstehung des Sinnes bedient sich ein
wesentlicher Grund akzidenteller und als Mittel dienender
Gründe, nämlich der Spermen, wirkender und erleidender   120
Beschaffenheiten und der Lebensgeister, die die Organe,
die zu dem Zweck von der Natur eingesetzt sind, durchlaufen, weil derartiges, was angesprochen worden ist, Hilfs-

mittel der Natur sind. Auch beim Gebrauch und bei tätiger Verwendung bestimmter Sinne bedient man sich manchmal sogar der Fertigkeit erfordernden Kunst, wie in bezug auf jene, die durch einen Beryll und ähnliches sehen, offenkundig ist.

(10) Nicht auch geht der Sinn aus seinem Grund im-
130 mer gemäß der Wirklichkeit seiner Substanz hervor, sondern es läßt sich dort, wie offenkundig ist, zwischen wesentlicher und akzidenteller Möglichkeit unterscheiden, und somit geht er nicht als Seiendes schlechthin, sondern als dieses Seiende, das heißt als Einzelwesen, hervor. Auch insofern er in Möglichkeit ist, sei es in wesentlicher, sei es in akzidenteller, ist er nicht der Wirklichkeit nach seinem Grund zugewandt, weder gemäß seiner Substanz noch gemäß seiner Handlung.

(11) Ferner läßt sich beim Sinn zwischen Substanz und
140 Handlung unterscheiden, wie offenkundig ist, und so kann der Sinn gemäß seiner Substanz ohne ihm eigentümliche Handlung sein, und somit ist es nicht erforderlich, daß er gemäß seiner Handlung seinem Grund zugewandt ist.

(12) Es ist aber in Betracht zu ziehen, daß der Sinn durch seine Handlung seinem Gegenstand, in bezug auf den er handelt, zugewandt ist. Dies aber ist eine allgemeine Weise von Handlungen, durch die Seiende in bezug auf ihre Gegenstände oder das, was ihnen zugrunde liegt, handeln, und somit setzen sie ihre Gegenstände oder ihre Zugrunde-
150 liegenden im Sein voraus und wenden sich ihnen durch ihre Handlung zu.

(13) Der Intellekt aber erwirbt durch seine Umwendung sein Wesen, weil er, indem sein wesentlicher Grund handelt, zugleich wird und ihm sich zuwendet, sofern es die Bestimmtheit seines Wesens ausmacht, das heißt eben des Intellekts, der so diesem seinem derartigen Grund zugewandt ist, und auf diese Weise besitzt er sein Wesen, welches der ihm eigentümliche Gegenstand ist, der aus seinen inneren formalen Ursprüngen gebildet ist, in denen er sei-
160 nen wesentlichen Grund schaut. Und so begründet der Intellekt gewissermaßen den ihm eigentümlichen Gegenstand, sein Wesen, auf formale Weise aufgrund seiner for-

malen Ursprünge, wobei ein höherer Intellekt, der sein wesentlicher Grund ist, dies auf bewirkende Weise wirkt.

(14) Aufgrund der vorangehenden Ausführungen leuchtet es einem, der sie durchdenkt, ein, daß es nicht erforderlich ist, daß der Sinn seinem Grund auf sinnliche Weise zugewandt ist, das heißt, daß er dadurch, daß er aus
seinem Grund hervorgeht, eben diesen seinen Grund in
sinnlicher Handlung erfaßt, wie dies beim Intellekt not- 170
wendig ist.

26. Wie der mögliche Intellekt zum wirklichen Vollzug des 1
Erkennens fortschreitet und wie er sich von anderen
erfassenden Kräften unterscheidet

(1) Aufgrund der vorangehenden Ausführungen wollen
wir also zum Beweisziel hinsichtlich des möglichen Intellekts fortschreiten, nicht sofern er in seiner reinen Möglichkeit ruht, sondern insofern, als er verwirklicht ist.

(2) Insofern nämlich ist seine Wirklichkeit seine Substanz oder sein Wesen. Er schreitet nämlich kraft des tätigen Intellekts nicht in der Weise zur Wirklichkeit, in der 10
sich die Zusammensetzung von Möglichkeit und Wirklichkeit vollzieht, wie zum Beispiel der erste Stoff zur Wirklichkeit der Form schreitet, sondern so, daß die Möglichkeit Wirklichkeit wird und in die Wirklichkeit übergeht,
wie die Seele in Möglichkeit Seele in Wirklichkeit wird.

(3) Bezüglich des so verwirklichten möglichen Intellekts
aber ist dies im voraus zu erfahren erforderlich, daß es
sich nämlich mit ihm, obwohl er eine Erkenntniskraft ist,
in der Weise des Erkennens anders verhält als mit anderen
erfassenden Vermögen.   20

(4) Die anderen erfassenden Vermögen nämlich erfassen
ihre Gegenstände schlechthin gemäß ihrer Substanz an
ihnen selbst und losgelöst, daß heißt nicht dadurch, daß
sie eine solche Erkenntnis aus anderem, aus den Gründen
oder Ursprüngen eines Dinges nämlich, ermitteln, wie der
Gesichtssinn die Farbe und der Gehörssinn den Ton
nicht aus bestimmten Gründen oder Ursprüngen, sondern

in der ihnen eigentümlichen Natur an ihnen selbst und losgelöst erfassen.

30 (5) Der mögliche Intellekt aber erfaßt ein Ding auf
intellektuelle Weise und wahrhaft nur in seiner Bestimmung, und so erkennt er, das heißt erforscht er im Innern,
ein Ding, welches auch immer es sein mag. Zu dem Zweck
aber ist es folglich erforderlich, daß er auch eben die Bestimmung auf intellektuelle Weise erfaßt, insofern er Ursprung des Erkennens ist.

1 *27. Es wird ein zweifacher Bestimmungsgrund unterschieden, nämlich ein allgemeiner und ein besonderer. Und
zuerst wird der besondere Bestimmungsgrund be-
schrieben*

(1) Es gibt aber einen zweifachen Bestimmungsgrund,
nämlich einen allgemeinen und einen besonderen. Beide
von ihnen sind unter allen Lebewesen dem Menschen
eigentümlich.

(2) Der besondere Bestimmungsgrund, den man auch
10 Einschätzungs- oder Denkkraft nennt[126], ist eine unter-
scheidende Kraft, die zusammensetzt und trennt und sich
mit den Bedeutungsgehalten der Dinge beschäftigt, auch
wenn es allgemeine Dinge sind, allgemeine, so sage ich, gemäß der Betrachtung, insofern er nämlich ein Ding gemäß
der Betrachtung ohne die Ursprünge betrachtet, die es zur
Vereinzelung oder Besonderung bestimmen. Und das ist
es, was der bekannte Kommentator Averroes[127] bemerkt,
daß er nämlich ein Ding seines Erscheinungsbildes entkleidet, das heißt seiner Akzidentien, in denen die Einbil-
20 dungskraft ein Ding betrachtet.

(3) Diese Akzidentien sind gemäß logischer Betrachtung
die Ursprünge der und Zeichen für die Vereinzelung, wie
es Porphyrius[128] zum Ausdruck bringt. Gemäß logischer
Betrachtung nämlich wird nicht zwischen dem besonderen und allgemeinen Bestimmungsgrund in eigentümlicher
Redeweise unterschieden. Gemäß dem Logiker nämlich
erfolgt nur dies, daß die Dinge von solchen Akzidentien ab-

gehoben werden, in denen das Ding so betrachtet wird,
daß es einzig von einem aussagbar ist, was gemäß dem Logiker dem Einzelwesen zukommt. Was aber in einer sol- 30
chen Abhebung betrachtet wird, ist ein Allgemeines, das
an ihm selbst von mehrerem aussagbar ist, wie dies der Fall
ist, wenn zum Beispiel ‚Mensch‘ oder ‚Pferd‘ abgehoben
werden. Der Bedeutungsgehalt des Menschen oder des Pferdes gründet dann noch im besonderen Bestimmungsgrund,
den ich Denkkraft nenne, und ist kein Allgemeines, wenn
in eigentümlicher Weise vom Allgemeinen die Rede ist, wie
bald offenkundig wird.

(4) Damit genug vom besonderen Bestimmungsgrund!

28. *Es wird der allgemeine Bestimmungsgrund beschrieben* 1

(1) Der allgemeine Bestimmungsgrund aber ist, wenn
ich das Allgemeine auf eigentümliche Weise nehme, gemäß
den Philosophen die Erkenntniskraft, durch die etwas auf
intellektuelle Weise erfaßt wird. Dem entspricht beim Ding
auch ein Allgemeines in eigentümlicher Redeweise mit
seiner allgemeinen Bestimmung, in der es erkannt wird und
ohne die es auf intellektuelle Weise nicht erfaßt wird, wobei dennoch bisweilen der besondere Bestimmungsgrund
mitwirkt, zum Beispiel: Wenn der Intellekt einmal auf 10
intellektuelle Weise eine Washeit in der ihr eigentümlichen
Bestimmung erfaßt hat oder auf intellektuelle Weise eine
Folgerung gezogen hat, eine oder mehrere, später daraus
etwas anderes folgern will, bedient er sich des vorher Erkannten oder Gefolgerten, ohne seine Erkenntnisakte dabei zu wiederholen, sondern indem er sie zu dem Zweck,
eine weitere Folgerung zu ziehen, voraussetzt, ordnet und
zusammensetzt, welches das Werk des besonderen Bestimmungsgrundes ist. Und jenes, was so untereinander geordnet wird, wird aus dem zuvor Erkannten allgemeine Be- 20
stimmung mit dem Ziel, ein Ding durch Folgern zu erfassen oder zu erkennen. Und so wirkt der besondere Bestimmungsgrund oder die Denkkraft bisweilen mit dem allgemeinen Bestimmungsgrund in seiner Handlung zusammen.

Und dieses Werk des besonderen Bestimmungsgrundes ist in den Schulwissenschaften sehr gebräuchlich. Andernfalls müßte sich das Schrifttum derartiger Wissenschaften gleichsam ins Unendliche ausbreiten.

1 29. *Über das Allgemeine, das auf der Seite des Dinges dem allgemeinen Bestimmungsgrund entspricht, und wie es sich gemäß der Rangfolge mit drei Weisen verhält*

(1) Über den Ausgangspunkt der Rede vom allgemeinen Bestimmungsgrund zuvor hinaus aber ist eine Betrachtung hinsichtlich dessen anzustellen, das ihm auf der Seite des Dinges entspricht und auch Allgemeines genannt wird, nämlich entweder das auf allgemeine Weise erkannte Ding selbst oder die allgemeine Bestimmung, in der es erkannt 10 wird.

(2) Diese Bestimmung, in der etwas erkannt wird, ist eine dreifache, denn sie ist entweder die definierende Bestimmung eines Dinges, durch die ein Ding definiert wird, wie ,verstandesbegabtes Lebewesen' die Bestimmung des Menschen ist, und so verhält es sich auch mit anderem, oder sie ist die den Schlußsatz ermöglichende Bestimmung, wie die Vordersätze Bestimmung des Schlußsatzes sind, oder sie ist die urbildliche Bestimmung, wie dieses Ganze, nämlich die Vordersätze zusammen mit dem Schlußsatz 20 und die Definition zusammen mit dem Definierten, die Bestimmung des Dinges draußen, das sie anzeigt, ist.

(3) Und diese drei Weisen stehen gemäß einer gewissen Rangfolge in einem Bezugsverhältnis zueinander: Die erste nämlich ist sowohl gemäß der Seins- als auch gemäß der Erkenntnisweise Ursprung und Wurzel der zweiten. Denn die Sätze, aus denen ich beweisend etwas folgern will, was der zweiten Weise zugehört, erkenne ich aufgrund der Begriffe, deren Washeiten ich auf intellektuelle Weise zuerst in ihren definierenden Bestimmungen erfasse, was der er-30 sten Weise zugehört. Wenn nun auch ein Schlußsatz gemäß der zweiten bereits genannten Weise vorliegt oder ein Ding aufgrund von Definition gemäß der ersten Weise definiert

worden ist, so ist dies, insofern es bei einer Erkenntniskraft anzutreffen ist, urbildliche Bestimmung des Dinges
draußen, welches die dritte Weise ist.

30. *In welchem Bezugsverhältnis die genannten drei Wei-*   1
    sen von Bestimmungen zu einer Erkenntniskraft
    stehen und auf welch unterschiedliche Weise. Und zu-
    erst, wie sie sich in Gott und den gänzlich abgetrenn-
    ten Intellekten finden

(1) Wie dies aber bei einer Erkenntniskraft anzutreffen
ist, begegnet auf unterschiedliche Weise. Anders nämlich
findet sich dies in Gott und den Intellekten, die nach ihm
sind und denen eine Kraft oder die Bestimmtheit eines
Grundes in Rücksicht auf das Niedere innewohnt, anders   10
findet es sich in uns.
(2) Denn Gott und die genannten Intellekte, die nach
ihm sind, sind, obwohl sie in ihrem Wesen einfach sind,
dennoch voll von Bestimmungen der Dinge, die sich so, wie
sich die Dinge, für die sie Bestimmungen sind, auf reale
Weise unterscheiden, voneinander der Bestimmtheit nach
unterscheiden, wie es denn auch ihre Benennung nahelegt.
Weil aber in Gott und in den gänzlich abgetrennten Intellekten, deren ganze Substanz Intellekt ist, keine Erkenntniskraft begegnet, die niedriger als der Intellekt ist, finden 20
sich alle drei zuvor genannten Weisen von Bestimmungen
in Rücksicht auf die Dinge, für die sie Bestimmungen sind,
in Gott und in jeglichem derartigen Intellekt, und zwar gemäß der Eigentümlichkeit der Substanz eines jeden von
ihnen, nämlich Gottes und solcher Intellekte, wenn derartige überhaupt in der Gesamtheit der Dinge anzutreffen
sein sollten.
(3) Hinsichtlich der ersten beiden Weisen aber — oder
besser: Die ersten beiden Weisen selbst werden in Rücksicht auf die Dinge in eigentümlicher Weise deshalb begrün- 30
dende Bestimmungen genannt, weil gemäß ihnen der
Grund eines Dinges mit eingebracht wird. Gemäß der dritten Weise aber werden die Bestimmungen Urbilder der Din-

ge genannt, weil sie in vollständiger Weise das Ding selbst
mit seiner Bestimmung, nicht jedoch nur die Bestimmung
des Dinges darstellen.

(4) So also sind diese Bestimmungen der Dinge in Gott
und in den gänzlich abgetrennten Intellekten anzutreffen.

1 *31. Wie sich in uns eben diese drei Weisen finden*

(1) In uns aber finden sie sich auf andere Weise. Der
Grund dafür liegt darin, daß wir andersartige Erkenntniskräfte besitzen. Wir haben nämlich den Sinn, die Einbildungskraft, die Gedächtniskraft, die Denkkraft und über
allem die Erkenntniskraft. Gegenwärtig aber soll es hinreichen, über die Denkkraft zu handeln, die ich besonderen
Bestimmungsgrund genannt habe, und über die Erkenntniskraft in eigentümlicher Redeweise, den allgemeinen Be-
10 stimmungsgrund nämlich, wenn vom Allgemeinen gemäß
ihm eigentümlicher Auffassung die Rede ist, wie kurz zuvor ausgeführt worden ist.

(2) Es sind also bei unserem Intellekt alle drei zuvor genannten Weisen von Bestimmungen hinsichtlich der ersten, eigentümlichen und unmittelbaren Definitionen der
Dinge vollständig anzutreffen. Ich spreche aber von „unmittelbaren" hinsichtlich der Teile der Definitionen untereinander und in Hinordnung auf das Definierte, und zwar
hinsichtlich der ersten Weise der zuvor aufgezählten Be-
20 stimmungen, die ich „definierende" genannt habe.

(3) In bezug auf die zweite aber ist dort auch die Bestimmung des Dinges hinsichtlich der ersten und unmittelbaren Sätze anzutreffen, die etwas aus den eigentümlichen
und unmittelbaren Ursprüngen und Gründen, die schlechthin bekannter sind, folgern.

(4) Hinsichtlich der dritten ist dort schlechthin die Bestimmung des Dinges in bezug auf solche unmittelbaren
Sätze, von denen die Rede gewesen ist, zusammen mit
ihrem Schlußsatz, der unmittelbar aus ihnen gefolgert wor-
30 den ist, anzutreffen.

32. *Bekräftigung dessen, wovon die Rede war, durch den*   1
Philosophen hinsichtlich dessen, was sich in eigentüm-
licher Weise auf den Intellekt bezieht

(1) Mit dem stimmt der Philosoph im I. Buch der
'II. Analytik', gegen Anfang¹²⁹, überein, wo er das wahre
und vorzüglichste Beweisverfahren definiert, vielmehr mit
folgenden Worten erklärt, welcher Art das Beweiswissen
ist: „Wenn es also Wissen ist, wie wir behauptet haben, beruht notwendig auch das Beweiswissen auf Wahrem, Erstem, Unmittelbarem, Bekannterem, Früherem und auf   10
den Gründen des Schlußsatzes. Somit nämlich werden diese Momente auch die eigentümlichen Ursprünge dessen,
was bewiesen wird, sein. Der Schluß zwar wird auch ohne
sie auskommen. Der Beweis aber kommt nicht ohne sie
aus. Sie dürften nämlich kein Wissen bewirken." Soweit
der Philosoph!

(2) Er schickt dort¹³⁰ aber eine gewisse Bedingung für
das, was durch Beweis gewußt wird, voraus, indem er bemerkt: „Wovon es schlechthin Wissen gibt, das kann sich
nicht auf andere Weise verhalten." Und daraus schließt er   20
weiter unten¹³¹ folgendes: „Da sich aber das, von dem es
Wissen schlechthin gibt, nicht auf andere Weise verhalten
kann, dürfte es durchaus notwendig sein." Und noch ein
wenig weiter unten¹³²: „Daher ist der Schluß, der auf Notwendigem beruht, Beweis."

(3) Und dies alles bezieht sich auf zwei der oben aufgezählten Weisen, nämlich auf die zweite und die dritte,
durch die etwas in seiner Bestimmung wahrhaft gewußt
und erfaßt wird.

(4) Hinsichtlich der ersten Weise aber, durch die ein   30
Ding in seiner Bestimmung, der definierenden nämlich, erkannt wird, schickt er dem Gesagten etwas unmittelbar voraus. Nachdem er nämlich gezeigt hatte, daß jene Momente,
auf denen das Beweiswissen beruht, notwendig in der Weise früher und unmittelbar sind, daß sie unbeweisbar sind,
bemerkt er auch dies¹³³: „So also sagen wir, und wir sagen,
daß es freilich nicht nur Wissen, sondern auch einen Ursprung des Wissens gibt, insofern wir die Begriffe erken-

nen'', das heißt, das, aus dem die definierende Bestimmung
40 solcher Begriffe gebildet wird, ist notwendig früher, unmittelbar, unbeweisbar, an sich bekannt, von allem aussagbar,
an sich und allgemein, worüber er sogleich weiter unten[134] redet, und dies erklärt er auch, und somit bezieht es
sich auf unseren Erkenntnisteil.

1 *33. Über eine andere Weise, durch die es uns bekannt wird*
und die sich auf den besonderen Bestimmungsgrund
bezieht

(1) Wenn uns derartiges aber auf andere Weise bekannt
wird, wie der Philosoph in derselben Schrift besonders gegen Ende und am Ende[135] bemerkt, nämlich durch Hinfüh-
rung oder durch ein Beispiel, wobei wir uns des Sinnes, des
Gedächtnisses und der Erfahrung bedienen, dann beschäf-
tigen sich damit der besondere Bestimmungsgrund und un-
10 sere Einschätzungskraft, und wir erfassen ein gewisses lo-
gisches oder dialektisches Allgemeines und nicht ein dem
Beweisverfahren zugehöriges, und somit bezieht es sich
eigentümlicher Redeweise nach nicht auf den Intellekt,
sondern vielmehr auf unsere Denkkraft. Wenn daher jemand aus solchem in der Weise Aufgefundenen die Definition eines Begriffes prägt und jemand aus solchen Begrif-
fen bestimmte Sätze bildet und aus ihnen etwas folgert,
kann es Beweis genannt werden, aber in erweiterter Bedeutung und weniger eigentümlich, es sei denn, es treffen
20 die vorausgeschickten Bedingungen zugleich zusammen,
die gemäß dem Philosophen zum Beweiswissen in eigentümlicher Redeweise erforderlich sind. Von daher beziehen sich eine solche definierende Bestimmung hinsichtlich der ersten Weise, die Sätze, die aus so definierten Be-
griffen gebildet sind, um etwas zu folgern, hinsichtlich der
zweiten Weise und solche Definitionen zusammen mit
ihrem Definierten und solche Sätze, von denen die Rede
war, zusammen mit ihren Schlußsätzen hinsichtlich der
dritten Weise eigentümlich auf den besonderen Bestim-
30 mungsgrund, der auf solche Weise auch aus solch Allge-

meinem folgert, freilich nur insofern, als der allgemeine Bestimmungsgrund mit dem besonderen Bestimmungsgrund
bei der Schlußform in bezug auf Modus und Figur zusam-
menwirkt.

(2) Auf ähnliche Weise, um allgemein zu reden, bezieht
sich auch alles, was nicht als an sich bekannt und notwendig oder nicht als aus an sich Bekanntem und Notwendigem erfaßt wird, nicht auf den Intellekt und nicht auf das
Beweiswissen in eigentümlicher Redeweise, wie durch den
Philosophen offenkundig ist und oben angeführt worden 40
ist. Ich sage aber „nicht als an sich bekannt und notwendig oder nicht als aus an sich Bekanntem und Notwendigem". Ein anderes nämlich ist es zu sagen: an sich bekannt
und notwendig, ein anderes: als an sich bekannt und notwendig. Die Denkkraft oder der besondere Bestimmungsgrund kann nämlich etwas erfassen, was an sich bekannt
und notwendig ist, erfaßt es dennoch aber nicht als an sich
bekannt und notwendig, was sich allein auf den Intellekt
oder den allgemeinen Bestimmungsgrund bezieht.

34. *Unter Hervorhebung der Hauptpunkte wird zusam-*   1
    mengefaßt, was sich schlechthin und in eigentümli-
    cher Weise auf den Intellekt bezieht

(1) Daher wollen wir das zusammennehmen, was sich zuerst und an sich auf den Gegenstand des Intellekts bezieht
und ohne das nichts auf intellektuelle Weise erfaßt wird.

(2) Davon ist das erste und die wurzelhafte Grundlage
die Seiendheit. Es ist nämlich notwendig, daß der Gegenstand des Intellekts das Seiende ist, wie es der Philosoph
im I. Buch der 'II. Analytik'[136] zum Ausdruck bringt: 10
„Weil es nicht vorkommt", das heißt: nicht möglich ist,
„das, was nicht ist, zu wissen, daß zum Beispiel der Durch-
messer kommensurabel ist." Dies sind die Worte des Philosophen. Das Seiende nämlich bringt den ersten aller Bedeutungsgehalte mit sich, wodurch sich ein Ding zuerst
vom Nichts unterscheidet, und das ist entweder die Bestimmung des Seins selbst oder etwas, das die Bestimmung

des Seins besitzt. Was aber nichts ist, ist weder eine Bestimmung noch etwas, das die Bestimmung des Seins besitzt.

20   (3) Ferner ist es notwendig, daß der Gegenstand des Intellekts ein Wahres ist, was eine gewisse Angleichung des erkannten Dinges an den Intellekt mit sich bringt. Sonst irrte nämlich der Intellekt, es würde folgen, daß er nicht erkennen würde, und ein Widerspruch würde auftreten, daß er nämlich in Wirklichkeit seiender Intellekt wäre und nichts erkennen würde. Und das ist es, was der Philosoph[137] sagt, daß das Beweiswissen notwendig auf Wahrem beruht.

(4) Ferner ist es erforderlich, daß jenes, was auf intel-
30   lektuelle Weise erfaßt wird, Erstes ist oder auf Erstem beruht, sei es im Fall der definierenden Bestimmung, sei es im Fall der den Schlußsatz ermöglichenden Bestimmung, sei es auch im Fall der dritten Weise von Bestimmung, die ich die urbildliche genannt habe, weil es gemäß dem Philosophen[138] erforderlich ist, daß der Beweis schlechthin auf Erstem, das unbeweisbar ist, beruht. Sonst dürfte der Beweis, wie er dort bemerkt, akzidentell sein, auf einer Voraussetzung beruhen und nicht schlechthin Beweis sein. Von daher sagt er dort[139]: „Denn Wissen heißt, einen Be-
40   weis davon zu besitzen, wovon der Beweis nicht akzidentell ist." Daß aber ein solcher Beweis, der auf Nicht-Erstem beruht, auf einer Voraussetzung beruht, ist offenkundig, weil Nicht-Erstes in Erstem eine Voraussetzung hat. Daß es aber ein akzidenteller Beweis ist, erhellt daraus, daß solches Nicht-Erste kraft anderer Erster in einen solchen Beweis eingeht und an sich ohne Erstes nicht zum Beweis eines Dinges dient. Erstes aber dient durch sich selbst zum Beweis eines Dinges.

(5) Deswegen ist viertens bei dem, was sich auf das
50   intellektuelle Erfassen bezieht, erforderlich, daß es unmittelbar ist. Ein unmittelbarer Satz oder eine unmittelbare Definition ist die, der gegenüber keine andere früher ist, ein Unmittelbares aber jenes, das kein Mittel aufnimmt, weder in sich in seinen Teilen noch in Hinordnung auf jenes, das gefolgert oder definiert wird.

(6) Ferner bezieht sich an fünfter Stelle dies auf den In-

tellekt, daß jene Bestimmung, aus der etwas erkannt wird,
bekannter als das erkannte Ding selbst ist, sei es, daß es auf
definierende, sei es, daß es auf den Schlußsatz ermöglichende Weise erkannt wird. Denn eine solche Bestimmung 60
ist so, wie sie Ursprung des Seins ist, demzufolge Ursprung
des Erkennens.

(7) Deswegen bezieht sich sechstens dies auf ein vollkommenes und schlechthin intellektuelles Erfassen, daß in
der Bestimmung, in der etwas erkannt wird, der Grund mit
auftritt. So nämlich wird ein Ding auf eigentümliche Weise
erkannt, das heißt innen erforscht. Die Gründe nämlich
wohnen einem Ding entweder gemäß der Substanz oder
wenigstens gemäß begründender Kraft inne.

(8) Ferner ist siebtens für den Intellekt erforderlich, 70
daß jenes, das wahrhaft und schlechthin erkannt wird, sich
nicht auf andere Weise verhalten kann, wie der Philosoph[140] bemerkt. Und das wird weiter unten aufgrund anderer Bedingungen und Eigentümlichkeiten der Erkenntnisinhalte noch offenkundiger.

(9) Daraus folgt achtens, daß jenes, das erkannt wird,
notwendig ist. Diese zwei Bedingungen, nämlich daß es
sich nicht auf andere Weise verhalten kann und notwendig
ist, unterscheiden sich, obwohl sie der Sache nach identisch sind, dennoch gedanklich derart, daß die erste von 80
ihnen vom erkannten Ding Veränderbarkeit fernhält, die
zweite aber, das heißt das Notwendige, in positiver Weise
im Ding, das erkannt wird, Beständigkeit mit sich bringt.
Im Sein aber unveränderlich zu sein und beständig zu sein
sind der Sache nach identisch, unterscheiden sich dennoch
gedanklich, wie bemerkt worden ist.

(10) Daraus folgt neuntens, daß jenes, das erkannt wird,
insofern es erkannt wird, ewig ist, ganz besonders aber insofern, als es in seiner Bestimmung gründet, weil es nur insofern erkannt wird, nämlich in seiner Bestimmung, und 90
die Bestimmung selbst ist ewig, wie Augustin in der Schrift
'Über die Unsterblichkeit der Seele'[141] in folgender Weise
bemerkt: ,,Was ist so ewig wie die Bestimmung des Kreises?''

(11) Aus diesen Ausführungen erhellen jene Bedingungen der Erkenntnisinhalte, die der Philosoph in der 'II. Ana-

lytik'[142] behandelt, nämlich von allem ausgesagt zu werden, an sich ausgesagt zu werden und allgemein ausgesagt zu
werden, welches die Bedingungen dessen sind, was sich auf
das Beweiswissen bezieht. Von allem ausgesagt zu werden
100 bringt nämlich eine gewisse Ununterschiedenheit hinsichtlich der Gesamtheit der Zugrundeliegenden und der Gesamtheit der Zeitpunkte mit sich, so daß nämlich nicht von
einem ausgesagt wird, von einem anderen aber nicht, sondern von allem, ferner, daß nicht von einem einmal ausgesagt wird, ein anderes Mal aber nicht, sondern immer. Und
dies ist die zehnte Bedingung dessen, was sich auf den Intellekt bezieht oder auf das, was erkannt wird, und diese
Bedingung ergibt sich aus den beiden folgenden.

(12) Elftens ist es notwendig, daß das, was erkannt wird,
110 an sich ist. Jenes nämlich, das akzidentell ist, wird nicht
erkannt. Jenes nämlich, das erkannt wird, wird zugleich so
erkannt, daß es sich nicht auf andere Weise verhalten kann,
weder der Sache noch dem Begriff nach. Und das ist dem,
was an sich ist, eigentümlich.

(13) Zwölftens ist es notwendig, daß das, was schlechthin und vollkommen erkannt wird, sich allgemein verhält,
das heißt vertauschbar, insofern es so ist, wie eben der
Philosoph[143] darlegt, wie dies, drei Winkel, die zwei rechten gleichen, zu besitzen, sich auf das Dreieck als solches
120 bezieht, nicht auf das gleichschenklige Dreieck, welches
eine Art des Dreiecks ist, oder auf die Figur, die die Gattung des Dreiecks ist.

(14) Dies also ist bezüglich des Gegenstandes des möglichen Intellekts in Betracht zu ziehen, wenn etwas zuerst,
schlechthin und gemäß der vorzüglichsten Erkenntnisweise erkannt wird.

1 35. *Daß dies, ein Ding in seiner Bestimmung zu schauen,*
heißt, es im Licht der ersten Wahrheit, die Gott ist,
zu schauen

(1) Ferner sind weitere Erwägungen über Weise und
Rangfolge des Erkennens anzustellen.

(2) Zur Erhellung dessen aber soll das beigezogen werden, was oben gesagt worden ist, daß nämlich alles, was erkannt wird, nur in seiner Bestimmung erkannt wird, weil
das das Erkennen ist, das heißt ein im Innern Erforschen,
was dem Intellekt eigentümlich ist, wie es auch gerade 10
seine Benennung nahelegt. Eine solche Bestimmung des
Dinges aber strahlt in den möglichen Intellekt von seinem
intellektuellen Ursprung her, welcher unmittelbar der tätige Intellekt ist. Und weil der Erstgrund mehr einfließt
als der Zweitgrund, deshalb strahlt eine derartige Bestimmung des Dinges mehr vom ersten intellektuellen Ursprung, Gott, her in den Intellekt als vom unmittelbaren
Ursprung, dem tätigen Intellekt.

(3) Und sie fällt nicht in zahlenmäßige Unterschiedenheit, sofern sie in Gott anzutreffen ist und sofern sie im 20
tätigen Intellekt anzutreffen ist. Obwohl sie nämlich insofern, als sie ein gewisses Ding ist, abgehobener, abgetrenn-
ter und folglich weniger bestimmt in Gott und im Intellekt
stärker bestimmt ist, wie es bei allen Wesensgründen der
Fall ist, ist sie es jedoch nicht als Bestimmung, die in Gott
und im tätigen Intellekt von einer einzigen Weise und
einem einzigen Bedeutungsgehalt ist.

(4) Und insofern bedeutet es, wenn man ein Ding in
seiner Bestimmung schaut, es im Licht der ersten Wahrheit zu schauen, die Gott ist, wie Augustin an vielen Stel- 30
len[144] bemerkt, und nicht nur dies, sondern es wird auch
im Licht des tätigen Intellekts als dem unmittelbaren Ursprung geschaut, wie anderswo[145] gezeigt worden ist.

36. *In welchem Bezugsverhältnis der mögliche Intellekt* 1
   zum tätigen Intellekt hinsichtlich einer zweifachen
   Beziehung steht und daß er in ihm ein Ding unter der
   eigentümlichen Bestimmung des Dinges selbst schaut

(1) Darüber hinaus aber ist in Betracht zu ziehen, daß
sich der mögliche Intellekt nicht nur auf den tätigen Intellekt als auf seinen Gegenstand hinsichtlich der Bestim-

mung, in der er aus ihm ein Ding erkennt, bezieht, sondern zugleich auf ihn als auf seinen wirkenden und ausströmen-
10 den Ursprung sich bezieht, was auf jeden Intellekt, der aus einem anderen hervorgeht, so zutrifft, daß er sich auf folgende zwei Weisen auf ihn bezieht: auf die eine Weise als auf den Gegenstand seiner Erkenntnis.

(2) Dieser Bezug aber, nämlich der zum Gegenstand hinsichtlich des tätigen Intellekts als solchen, setzt die Substanz des möglichen Intellekts, der einen solchen Bezug besitzt, voraus, und folglich setzt er seinen wirkenden oder seine Substanz aus sich selbst hervorbringenden Ursprung voraus, der unmittelbarer und eigentümlicher Lebensur-
20 sprung ist, wie anderswo[146] gezeigt worden ist. Und dieses wirkende Hervorbringen oder diese wirkende Begründung geschieht nur, wenn der mögliche Intellekt wirklich wird. Denn insofern ist oben gezeigt worden, daß sich nämlich dieses zweifache Bezugsverhältnis beim möglichen Intellekt in Rücksicht auf den tätigen Intellekt findet. Er geht nämlich aus ihm hervor, indem er ihn erkennt, und umgekehrt erkennt er, indem er hervorgeht, und wendet sich ihm wieder zu, wie zuvor oben gesagt worden ist. Und so ist eben dieses Hervorgehen Erkennen und umgekehrt, was
30 der Sache nach eins ist, sich aber gedanklich unterscheidet.

(3) Und insofern kann man sagen, daß ein zweifaches Bezugsverhältnis vorliegt. Gemäß den vorangehenden Ausführungen nämlich leuchtet der tätige Intellekt in den möglichen Intellekt unter der Bestimmung eines jeden Erkenntnisinhalts, der durch den möglichen Intellekt erfaßt wird, unter der, wie ich meine, bestimmten und einem jeden Erkenntnisinhalt eigentümlichen Bestimmung. Und das ist dem möglichen Intellekt eigentümlich, in der Weise seinen Ursprung, aus dem er hervorgeht, zu erfassen, nämlich un-
40 ter einer solchen Bestimmung, nicht jedoch gemäß der Eigentümlichkeit des Wesens eben dieses Ursprungs, das alles auf eigene Weise in sich befaßt.

(4) Im Zustand dieses Lebens aber erkennt der mögliche Intellekt gemäß allgemeiner Erkenntnisweise nicht ohne bestimmte und einem jeden erkennbaren Ding eigentümliche Vorstellungen, insofern es möglich ist, daß in ihm

alles wird. Und deshalb war es für ihn erforderlich, eine solche Natur zu besitzen, durch die er gemäß dem Zustand dieses Lebens etwas nur unter der bestimmten und einem jeden eigentümlichen Bestimmung zu erkennen vermochte, 50 die aus seinem Ursprung in ihn strahlt und in der er auch seinen Ursprung schaut.

37. *Über die Rangfolge und die Weise des Erkennens*   1

(1) Immer dann aber, wenn ein Intellekt aus einem Intellekt ins Sein schreitet, ist das erste, das er erkennt, sein Ursprung, aus dem er im Vollzug des Erkennens hervorgeht, wodurch er auch sein Wesen erfaßt, wie oft gesagt worden ist. Das zweite aber, das er erkennt, ist sein ihm eigentümliches Wesen, durch das er sich selbst und seinen Ursprung erkennt, wie der Intellekt das Dreieck und die Bestimmung des Dreiecks als identisch erkennt. Indem er aber sein Wesen erkennt, erkennt er drittens die Dinge 10 draußen, für die er Urbild ist.

(2) So verhält es sich auch hier hinsichtlich des möglichen Intellekts.

(3) Denn das erste, das er erkennt, ist sein hervorbringender Ursprung, der tätige Intellekt nämlich, unter der bestimmten Bestimmung eines erkennbaren Dinges.

(4) Das zweite, das er erkennt, ist der Bedeutungsgehalt eines Dinges schlechthin, nicht dieses oder jenes Dinges, der identisch ist mit dem Inhalt, der die Wirklichkeit des möglichen Intellekts und sein Wesen ist, insofern aus 20 Erkenntnisinhalt und Intellekt mehr ein Eines wird als aus Stoff und Form. Der Inhalt nämlich wird wesentlich der Intellekt selbst.

(5) Das dritte, das er erkennt, ist das Ding draußen, zum Beispiel Himmel und Stein; und das gilt auch von anderem auf diese Weise Erkanntem.

1 38. *Wie das Erkannte ewig ist und wie nicht*

(1) Das erste Erkannte, nämlich die Bestimmung eines
Dinges, ist, insofern sie nicht der Zahl nach in Unterschiedenheit von derjenigen Bestimmung, die Gott innewohnt,
fällt, ewig, und das ist es, was Augustin[147] über die Bestimmung des Kreises bemerkt und was oben angeführt
worden ist.

(2) Das zweite, das er erkennt, ist, insofern es in seiner
ewigen Bestimmung gründet, auch ewig, und dabei ist die
10 Unterscheidung zu treffen, daß dieses zweite, insofern es
in seiner Bestimmung gründet, somit ewig ist, insofern es
aber an ihm selbst und losgelöst betrachtet wird, nicht notwendig ewig ist.

(3) Das dritte Erkannte, das heißt das Ding draußen, ist
nicht notwendig ewig, und hier ist auch nicht eine Unterscheidung zu treffen, wie sie eben getroffen worden ist,
daß nämlich das Ding draußen auf eine Weise an ihm selbst
und losgelöst betrachtet würde, auf eine andere Weise als
in seiner Bestimmung gründend betrachtet würde, so daß es
20 in der Weise losgelöst und schlechthin ewig genannt wird.
Ein anderes nämlich ist es, in seiner Bestimmung als mit
eben dieser Bestimmung identisch zu sein, was dem zukommt, das an zweiter Stelle erkannt wird, ein anderes, in
seiner Bestimmung als in seinem Urbild zu sein, das sich
von ihm wesentlich unterscheidet, was dem Ding draußen
zukommt, das an dritter Stelle erkannt wird.

1 39. *Wie das, was erkannt wird, innerhalb des Intellekts ist*
      und wie es draußen ist

(1) Den vorangehenden Ausführungen kann auch ent-
nommen werden, ob das, was erkannt wird, innerhalb des
Intellekts oder ihm äußerlich ist.

(2) Hinsichtlich des ersten und zweiten Erkannten nämlich ist es wesentlich innerhalb des Intellekts, hinsichtlich
des dritten aber ist es draußen, es sei denn, insofern es in ihm
als in seinem Urbild ist, wie unmittelbar offenkundig ist.

40. *Darlegung eines gewissen Problems, das Augustin un-*   1
entschieden ließ, ob nämlich alles, was erkannt wird,
erkennt, wie alles, was erkennt, erkannt wird

(1) Gemäß diesen Ausführungen läßt sich auch die wahre Entscheidung in jenem Problem auffinden, bei dem
Augustin[148] schwankt, indem er bemerkt, daß es gewiß ist,
daß alles, was erkennt, erkannt wird, es aber ein schwerwiegendes Problem ist, ob alles, was erkannt wird, auch
erkennt.

(2) Das Bedenken in diesem Problem läßt sich durch 10
das Vorausgeschickte beseitigen.

(3) Wenn wir nämlich von dem reden, das hinsichtlich
des ersten und zweiten Erkannten zuerst und an sich erkannt wird, so steht fest, daß alles derartige erkennt, da
ein derartiges Erkanntes wesentlich der Intellekt selbst ist.

(4) Wenn wir aber über das sprechen, das an dritter Stelle erkannt wird, das ist nämlich das Ding außerhalb des
Intellekts, zum Beispiel das Holz und der Stein, so ist es
nicht notwendig, daß nämlich alles derartige erkennt, obwohl einiges derartige, das erkennt, anzutreffen ist.   20

(5) Das aber stimmt mit der Aussage des Philosophen[149] zusammen, der bemerkt, daß im vom Stoff Abgetrennten das Erkennende und das, was erkannt wird, identisch sind. Das erste nämlich, das das Abgetrennte aus
seinem Ursprung erkennt, ist sein ihm eigentümliches Wesen, in dem alles andere widerstrahlt, das gerade aufgrund
dessen von ihm erkannt ist, daß es sein Wesen erkennt.

ANMERKUNGEN

1. Vgl. Aristoteles, De cael. II 3, 286a8—9.
2. Vgl. Aristoteles, De an. III 4, 429a14.
3. Vgl. Theodoricus, De orig. V 4; Stegmüller 195. De temp. III; Stegmüller 161—166.
4. Proclus, Elem. theol., prop. 174; Vansteenkiste 517.
5. Proclus, Elem. theol., prop. 174, comm.; Vansteenkiste 517.
6. Proclus, Elem. theol., prop. 20; Vansteenkiste 273.
7. L. de causis, prop. 5; Pattin 146.
8. L. de causis, prop. 22; Pattin 181.
9. L. de causis, prop. 21; Pattin 180.
10. L. de causis, prop. 21, comm.; Pattin 180.
11. Vgl. Aristoteles, Phys. VIII 5, 256b4—7.
12. Vgl. L. de causis, prop. 7; Pattin 149; ibid., prop. 8; Pattin 152. Proclus, Elem. theol., prop. 114 seqq.; Vansteenkiste 496 seqq.; ibid., prop. 181, 182 et comm.; Vansteenkiste 520—521.
13. Vgl. Aristoteles, Metaph. XII 8, 1074b8—10.
14. Vgl. Aristoteles, De an. III 4, 429a14.
15. Vgl. Theodoricus, Quaest. utrum in Deo, cod. A, fol. 104 rb— 104 va.
16. Vgl. Theodoricus, Quaest. utrum in Deo, cod. A, fol. 104 vb— 105 va.
17. Vgl. Theodoricus, De vis. beat. 1.—2.; Mojsisch 15—68.
18. Vgl. L. de causis, prop. 15; Pattin 167.
19. Vgl. Augustinus, De Trin. X 11, n.18; PL 42/983.
20. Vgl. Avicenna, Metaph. IX 4; Venetiis 1508, 105 rB.
21. Vgl. Augustinus, De Gen. ad litt. II 6, n.13; PL 34/268.
22. Proclus, Elem. theol., prop. 34; Vansteenkiste 279.
23. Proclus, Elem. theol., prop. 34, comm.; Vansteenkiste 279.
24. Vgl. Aristoteles, Phys. II 6, 197b25—27.
25. Vgl. Aristoteles, De cael. I 4, 271a 33.
26. Vgl. Avicenna, Metaph. IX 3; Venetiis 1508, 104 rE—F.
27. Vgl. L. de causis, prop. 4, comm.; Pattin 142—144; ibid., prop. 5 et comm.; Pattin 145—146.
28. Vgl. L. de causis, prop. 18, comm.; Pattin 174; ibid., prop. 32, comm.; Pattin 202—203.
29. Vgl. L. de causis, prop. 1, comm.; Pattin 136—137.
30. Proclus, Elem. theol., prop. 56; Vansteenkiste 286.
31. Vgl. Matth. 11,25. Luc. 10,21.
32. Vgl. Aristoteles, De an. III 5, 430a14—15.
33. Proclus, Elem. theol., prop. 140; Vansteenkiste 506.
34. Vgl. Alpharabius, De int. et int.; Gilson 118—120, lin. 126—182.

35. Vgl. Alexander Aphrod., De int. et int.; Théry 76.
36. Vgl. Aristoteles, Phys. V 3, 227a17–32.
37. Vgl. Aristoteles, De an. III 7, 431a16–17.
38. Vgl. Thomas Aquinas, S. theol. I 77,5; ibid. I 77,6.
39. Vgl. Augustinus, De Gen. ad litt. VII 13–21; PL 34/362–366.
40. Vgl. Augustinus, De Gen. ad litt. VII 13–21; PL 34/362–366.
41. Vgl. Augustinus, De Trin. X 11,n.18; PL 42/983.
42. Vgl. Aristoteles, De an. II 3, 414b29–32.
43. Vgl. Aristoteles, De an. III 5, 430a15.
44. Vgl. L. de causis, prop. 10, comm.; Pattin 158.
45. Vgl. L. de causis, prop. 4; Pattin 142.
46. Vgl. L. de causis, prop. 1, comm.; Pattin 135–136.
47. Vgl. L. de causis, prop. 1, comm.; Pattin 135–136.
48. Vgl. Augustinus, De lib. arb. III 5,n.13; PL 32/1277.
49. Vgl. Deuteron. 32,4.
50. Vgl. Aristoteles, Phys. I 4, 187a20–188a18.
51. Vgl. Boethius, De cons. IV, pr. 2, 36; Weinberger 84.
52. Vgl. Boethius, De cons. IV, pr. 2, 36; Weinberger 84.
53. Vgl. Ioannes Damasc., De duab. volunt. 3; PG 95/131 B.
54. Vgl. Ioannes Damasc., De duab. volunt. 3; PG 95/130 D–131 A.
55. Vgl. Hebr. 2,16.
56. Vgl. Thomas Aquinas, S. theol. I 50,4.
57. Vgl. Aristoteles, Metaph. VII 10, 1035a22–b25; ibid. VII 11, 1036b32–1037a5.
58. Vgl. Aristoteles, Metaph. V 14, 1020b7–8.
59. Vgl. Aristoteles, Metaph. VII 10, 1035b4–25.
60. Vgl. Aristoteles, Metaph. VII 10, 1035b4–25.
61. Vgl. Theodoricus, De vis. beat. 3.2.6., 2–6; Mojsisch 79–80. De orig. II 3; Stegmüller 135–137. De hab. 2–4; Krebs 207*–209*.
62. Vgl. Boethius, De cons. V, pr. 6, 1–14; Weinberger 122–123.
63. Vgl. Aristoteles, Phys. VIII 5, 256b4–7.
64. Vgl. Theodoricus, De vis. beat. 1.1.; Mojsisch 15–36.
65. Vgl. Theodoricus, De vis. beat. 1.1.1., 1–3; Mojsisch 15–16.
66. Vgl. Gen. 1,26.
67. Vgl. Augustinus, De Trin. XV 21, n. 40; PL 42/1088.
68. Vgl. Theodoricus, De vis. beat. 4.; Mojsisch 105–124.
69. Vgl. Theodoricus, De vis. beat. 1.2.1.1.–1.2.1.2.; Mojsisch 37–44.
70. Vgl. Theodoricus, De luce X–XIII; Wallace 357–360.
71. Augustinus, De Gen. ad litt. III 20, n. 31; PL 34/292.
72. Vgl. Augustinus, De immortal. an. V 11; PL 32/1027.
73. Augustinus, De immortal. an. V 11; PL 32/1026.
74. Augustinus, De immortal. an. V 11; PL 32/1027.
75. Vgl. Boethius, De Trin. II; Stewart-Rand 8.
76. Boethius, De cons. III, m. 9, 22–24; Weinberger 63.
77. Augustinus, De immortal. an. IV 6; PL 32/1024.
78. Augustinus, Conf. X 10, n. 17; PL 32/786.

79. Vgl. Augustinus, De Trin. XV 21, n. 40; PL 42/1088.
80. Vgl. Augustinus, De Trin. XIV 7, n. 9; PL 42/1043.
81. Vgl. Augustinus, De immortal. an. IV 6; PL 32/1024.
82. Vgl. L. de causis, prop. 8; Pattin 152; ibid., prop. 15; Pattin 167.
83. Vgl. Averroes, In Aristotelis De an. III, t. comm. 19; Crawford
    441, lin. 15—16.
84. Vgl. L. de causis, prop. 15, comm.; Pattin 167.
85. Vgl. Theodoricus, De vis. beat. 1.—2.; Mojsisch 15—68; ibid. 4.;
    Mojsisch 105—124.
86. Vgl. Aristoteles, De an. III 4, 429a20.
87. Vgl. Augustinus, De Gen. ad litt. IV 24, n. 41; PL 34/313; ibid.
    IV 29, n. 46—32, n. 50; PL 34/315—317.
88. Vgl. Theodoricus, Quaest. utrum in Deo, cod. A, fol. 104 vb—
    105 va.
89. Vgl. Augustinus, De Gen. ad litt. XII 14, n. 29; PL 34/465;
    ibid. XII 25, n. 52; PL 34/476.
90. Aristoteles, De an. III 4, 429a24.
91. Vgl. Averroes, In Aristotelis Metaph. XII, t. comm. 18; Vene-
    tiis 1562, 304 vM.
92. Vgl. Aristoteles, De an. III 5, 430a14—15.
93. Vgl. Averroes, In Aristotelis De an. III, t. comm. 5; Crawford
    401, lin. 424—409, lin. 653.
94. Vgl. Aristoteles, De an. III 5, 430a14—15.
95. Vgl. Averroes, In Aristotelis De an. III, t. comm. 18; Crawford
    439, lin. 73—74.
96. Vgl. Averroes, In Aristotelis De an. III, t. comm. 19; Crawford
    442, lin. 62—64.
97. Vgl. Averroes, In Aristotelis De an. III, t. comm. 5; Crawford
    404, lin. 503—508.
98. Vgl. Alexander Aphrod., De int. et int.; Théry 76.
99. Vgl. Alpharabius, De int. et int.; Gilson 118—120, lin. 126—
    182.
100. Vgl. Aristoteles, De an. III 4, 429a13—18.
101. Vgl. Augustinus, De immortal. an. XII 19; PL 32/1031.
102. Vgl. Aristoteles, De an. III 6, 430b27—29; ibid. III 8, 432a2.
103. Vgl. Aristoteles, Metaph. VII 10, 1036a16—20.
104. Vgl. Theodoricus, De quid. XIII 1—3; Maurer 203.
105. Vgl. Aristoteles, Metaph. VII 1, 1028a28—29.
106. Vgl. Albertus Magnus, De praedicab. II 8; Borgnet 1, 37 b.
107. Vgl. Aristoteles, Anal. post. I 4, 73a34—b24.
108. Anselmus, Monolog. 10; Schmitt 1,25.
109. Vgl. Augustinus, De vera rel. XXXI 57—58; PL 34/147—148.
110. Vgl. Augustinus, De Gen. ad litt. XII 25, n. 52; PL 34/475—
     476.
111. Vgl. Aristoteles, De an. III 2, 425b26—27.
112. Vgl. Augustinus, De vera rel. XXX 56; PL 34/146—147.

113. Vgl. Augustinus, De vera rel. XXXI 57—58; PL 34/147—148;
     ibid. XXXVI 66; PL 34/151—152; ibid. XLIV 82; PL 34/159;
     ibid. LV 113; PL 34/172.
114. Vgl. Augustinus, De vera rel. XXXI 57—58; PL 34/147—148.
115. Proclus, Elem. theol., prop. 174; Vansteenkiste 517.
116. Proclus, Elem. theol., prop. 174, comm.; Vansteenkiste 517.
117. Proclus, Elem. theol., prop. 31; Vansteenkiste 278.
118. Proclus, Elem. theol., prop. 31, comm.; Vansteenkiste 278.
119. L. de causis, prop. 8; Pattin 152.
120. L. de causis, prop. 8, comm.; Pattin 152.
121. L. de causis, prop. 8, comm.; Pattin 152.
122. L. de causis, prop. 8, comm.; Pattin 152—153.
123. Vgl. Boethius, De cons. V, pr. 4, 25; Weinberger 117; ibid. V,
     pr. 4, 38; Weinberger 118.
124. Vgl. Proclus, Elem. theol., prop. 31; Vansteenkiste 278.
125. Vgl. Aristoteles, Phys. VIII 5, 256b4—7.
126. Vgl. Avicenna, De an. I 5; Van Riet 89, lin. 48—53. Averroes,
     In Aristotelis De an. III, t. comm. 6; Crawford 415, lin. 59—
     416, lin. 78. Albertus Magnus, S. de creat. II, tr. 1, q. 38, a.1
     solut.; Borgnet 35, 331a; ibid. II, tr. 1, q. 38, a. 4 solut.;
     Borgnet 35, 334 a.
127. Vgl. Averroes, In Aristotelis De an. III, t. comm. 6; Crawford
     415, lin. 62—64.
128. Vgl. Boethius, In Porphyr. V; PL 64/145 C.
129. Aristoteles, Anal. post. I 2, 71b19—25.
130. Aristoteles, Anal. post. I 2, 71b15—16.
131. Aristoteles, Anal. post. I 4, 73a21—22.
132. Aristoteles, Anal. post. I 4, 73a24.
133. Aristoteles, Anal. post. I 3, 72b23—25.
134. Vgl. Aristoteles, Anal. post. I 4, 73a28—74a3.
135. Vgl. Aristoteles, Anal. post. II 19, 99b34—100b5.
136. Aristoteles, Anal. post. I 2, 71b25—26.
137. Vgl. Aristoteles, Anal. post. I 2, 71b20—21.
138. Vgl. Aristoteles, Anal. post. I 2, 71b26—29.
139. Aristoteles, Anal. post. I 2, 71b28—29.
140. Vgl. Aristoteles, Anal. post. I 2, 71b15—16.
141. Augustinus, De immortal. an. IV 6; PL 32/1024.
142. Vgl. Aristoteles, Anal. post. I 4, 73a28—74a3.
143. Vgl. Aristoteles, Anal. post. I 4, 73b30—74a3.
144. Vgl. Augustinus, De vera rel. XXXI 57—58; PL 34/147—148.
145. Vgl. Theodoricus, De vis. beat. 2.1.; Mojsisch 63—64.
146. Vgl. Theodoricus, De vis. beat. 2.1., 1; Mojsisch 63.
147. Vgl. Augustinus, De immortal. an IV 6; PL 32/1024.
148. Vgl. Augustinus, De Gen. ad litt. XII 10, n. 21; PL 34/461.
149. Vgl. Aristoteles, De an. III 4, 430a3—4.

LITERATURVERZEICHNIS

1. Editionen der Werke Dietrichs von Freiberg

De accidentibus, ed. W. A. Wallace, The scientific methodology of Theodoric of Freiberg, (Studia Friburgensia N.S. 26) Fribourg 1959, S. 306—324 (partielle Edition).

De cognitione entium separatorum et maxime animarum separatarum, ed. H. Steffan, Dietrich von Freibergs Traktat 'De cognitione entium separatorum'. Studie und Text, Diss. (masch.) Bochum 1977, S. 107—317.

De coloribus, ed. W. A. Wallace, The scientific methodology of Theodoric of Freiberg, (Studia Friburgensia N.S. 26) Fribourg 1959, S. 364—376.

De elementis corporum naturalium inquantum sunt partes mundi, ed. W. A. Wallace, The scientific methodology of Theodoric of Freiberg, (Studia Friburgensia N.S. 26) Fribourg 1959, S. 324—331 (partielle Edition).

De esse et essentia, ed. E. Krebs, Le traité „De esse et essentia" de Thierry de Fribourg, in: Revue néoscolastique de philosophie 18 (1911) 516—536.

De habitibus, ed. E. Krebs, Meister Dietrich. Sein Leben, seine Werke, seine Wissenschaft, in: Beiträge V 5—6 (1906) 207*—215*.

De habitibus, ed. H. Steffan, Dietrich von Freibergs Traktat 'De cognitione entium separatorum'. Studie und Text, Diss. (masch.) Bochum 1977, S. 478—499.

De intellectu et intelligibili, ed. E. Krebs, Meister Dietrich. Sein Leben, seine Werke, seine Wissenschaft, in: Beiträge V 5—6 (1906) 124*—206*.

De intellectu et intelligibili, ed. B. Mojsisch, in: Dietrich von Freiberg, Opera omnia, Tom. I: Schriften zur Intellekttheorie. Mit einer Einleitung von K. Flasch hrsg. von B. Mojsisch, Hamburg 1977, S. 125—210.

De iride et radialibus impressionibus, ed. J. Würschmidt, Dietrich von Freiberg. Über den Regenbogen und die durch Strahlen erzeugten Eindrücke, in: Beiträge XII 5—6 (1914) 33—204.

De luce et eius origine, ed. W. A. Wallace, The scientific methodology of Theodoric of Freiberg, (Studia Friburgensia N.S. 26) Fribourg 1959, S. 349—364.

De mensuris durationis, ed. F. Stegmüller, Meister Dietrich von Freiberg. Über die Zeit und das Sein, in: Archives d'hist. doctr. et litt. du Moyen Age 13 (1942) 193—221.

De miscibilibus in mixto, ed. W. A. Wallace, The scientific methodology of Theodoric of Freiberg, (Studia Friburgensia N.S. 26) Fribourg 1959, S. 332—348.

De origine rerum praedicamentalium, ed. F. Stegmüller, Meister Dietrich von Freiberg. Über den Ursprung der Kategorien, in: Archives d'hist. doctr. et litt. du Moyen Age 24 (1957) 115—201.

De quidditatibus entium, ed. A. Maurer, The 'De Quidditatibus Entium' of Dietrich of Freiberg and its Criticism of Thomistic Metaphysics, in: Mediaeval Studies 18 (1956) 189—203.

De subiecto theologiae, ed. L. Sturlese, in: Bertoldo di Moosburg, Expositio super Elementationem theologicam Procli, 184—211: De animabus, a cura di L. Sturlese, presentazione di E. Massa, (Temi e testi 18) Roma 1974, S. LXXXIX—XCII.

De tempore, ed. F. Stegmüller, Meister Dietrich von Freiberg. Über die Zeit und das Sein, in: Archives d'hist. doctr. et litt. du Moyen Age 13 (1942) 155—192.

De visione beatifica, ed. B. Mojsisch, in: Dietrich von Freiberg, Opera omnia, Tom. I: Schriften zur Intellekttheorie. Mit einer Einleitung von K. Flasch hrsg. von B. Mojsisch, Hamburg 1977, S. 1—124.

De visione beatifica, ed. R. D. Tétreau, The agent intellect in Meister Dietrich of Freiberg: Study and Text, Diss. (masch.) Toronto 1966, S. 135—270 (partielle Edition).

Quaestio utrum in Deo sit aliqua vis cognitiva inferior intellectu, ed. M. R. Pagnoni Sturlese, La „Quaestio utrum in Deo sit aliqua vis cognitiva inferior intellectu" di Teodorico di Freiberg, in: Xenia medii aevi historiam illustrantia oblata Th. Kaeppeli O.P., Roma 1978, S. 141—174.

Utrum substantia spiritualis sit composita ex materia et forma, ed. P. Mazzarella, Metafisica e gnoseologia nel pensiero di Teodorico di Vriberg, Napoli 1967, S. 249—272.

2. Andere Quellen

Erfurt, Wissenschaftliche Allgemeinbibliothek, Cod. Amplon. F. 72 (= cod. A).

Frankfurt a. M., Stadt- und Universitätsbibliothek, Ms. germ. qu. 3.

Albert der Große, De intellectu et intelligibili, in: Opera omnia, ed. A. Borgnet, Bd. 9, Paris 1890, S. 477—521.

—, De praedicabilibus, in: Opera omnia, ed. A. Borgnet, Bd. 1, Paris 1890, S. 1—148.

—, Summa de creaturis, in: Opera omnia, ed. A. Borgnet, Bde. 34— 35, Paris 1895, S. 307 ff.

Alexander von Aphrodisias, De intellectu et intellecto, ed. G. Théry,

Autour du décret 1210: II. — Alexandre d'Aphrodise, aperçu sur l'influence de sa noétique, in: Bibliothèque Thomiste 7 (1926) 74—83.

Alfarabi, De intellectu et intellecto, ed. E. Gilson, Les sources gréco-arabes de l'augustinisme avicennisant, in: Archives d'hist. doctr. et litt. du Moyen Age 4 (1929) 115—141.

Anselm von Canterbury, Monologion, in: Opera omnia, ed. Fr. S. Schmitt, Bd. 1, Seckau 1938.

Aristoteles, Opera, ed. Academia Regia Borussica, 5 Bde., Berlin 1831—1870.

—, De anima, ed. W. D. Ross, Oxford ³1963.

—, De caelo, ed. D. J. Allan, Oxford 1936.

—, Metaphysica, ed. W. Jaeger, Oxford ⁴1969.

—, Physica, ed. W. D. Ross, Oxford 1950.

Augustin, Confessiones; PL 32/659—868.

—, De Genesi ad litteram; PL 34/245—486.

—, De immortalitate animae; PL 32/1021—1034.

—, De libero arbitrio; PL 32/1221—1310.

—, De Trinitate; PL 42/819—1098.

—, De vera religione; PL 34/121—172.

Averroes, Aristotelis opera cum Averrois commentariis, 12 Bde., Venetiis 1562—1574 (Nachdruck Frankfurt a. M. 1962).

—, Commentarium magnum in Aristotelis De anima libros, ed. F. St. Crawford, (Corpus commentariorum Averrois in Aristotelem, versionum Latinarum vol. VI, 1) Cambridge/Mass. 1953.

Avicenna, Opera, Venetiis 1508 (Nachdruck Frankfurt a. M. 1961).

Avicenna Latinus, Liber de anima seu Sextus de naturalibus, ed. S. Van Riet, I—III: Louvain/Leiden 1972, IV—V: Louvain/Leiden 1968.

Berthold von Moosburg, Bertoldo di Moosburg, Expositio super Elementationem theologicam Procli, 184—211: De animabus, a cura di L. Sturlese, presentazione di E. Massa, (Temi e testi 18) Roma 1974.

Boethius, Commentaria in Porphyrium a se translatum; PL 64/71—158.

—, Philosophiae consolationis libri quinque, ed. G. Weinberger, in: CSEL 67 (1934).

— H. F. Stewart — E. K. Rand, The theological Tractates. The Consolation of Philosophy, mit engl. Übers., London ⁷1962.

Eckhart, Meister Eckhart, Die deutschen und lateinischen Werke, hrsg. im Auftrag der Deutschen Forschungsgemeinschaft, Stuttgart 1936 ff.

—, Meister Eckhart, Predigten, Traktate, ed. F. Pfeiffer, (Deutsche Mystiker des 14. Jahrhunderts II) Leipzig 1857 (Neudruck Aalen 1962).

Eckhart von Gründig, Von der wirkenden und möglichen Vernunft,

ed. W. Preger, Der altdeutsche Tractat von der wirkenden und
möglichen Vernunft, (Sitzungsberichte der philosophisch-philologischen und historischen Classe der k. b. Akademie der Wissenschaften I) München 1871, S. 176–189.
Fichte, J. G., Die Anweisung zum seligen Leben, oder auch die Religionslehre, in: Fichtes Werke, hrsg. von I. H. Fichte, Bd. V:
Zur Religionsphilosophie, Berlin 1845/46 (Nachdruck 1971),
S. 397–580.
Heinrich von Erfurt, Predigten, Frankfurt a. M., Stadt- und Univer-
sitätsbibliothek, Ms. germ. qu. 3.
Johannes Tauler, Predigten, ed. F. Vetter, (Deutsche Texte des Mittelalters XI) Berlin 1910.
Johannes von Damaskus, De duabus in Christo voluntatibus; PG 95/
127–186.
Liber de causis, ed. A. Pattin, in: Tijdschrift voor Filosofie 28
(1966) 134–203.
Nikolaus von Kues, De coniecturis, edd. I. Koch et C. Bormann, in:
Opera omnia iussu et auctoritate Academiae Litterarum Heidel-
bergensis ed., Bd. III, Hamburg 1972.
Proklus, Elementatio theologica, ed. E. Vansteenkiste, Procli Ele-
mentatio theologica translata a Guilelmo de Moerbeke (textus
ineditus), in: Tijdschrift voor Philosophie 13 (1951) 263–302,
491–531.
Thomas von Aquin, Summa theologiae, Editio Leonina Manualis,
Turin 1950.

3. Sekundärliteratur

Arnold, G., Unparteiische Kirchen- und Ketzerhistorie, Frankfurt
a. M. 1729 (Nachdruck Hildesheim 1967).
Denifle, H., Meister Eckeharts lateinische Schriften, und die Grundanschauung seiner Lehre, in: Archiv für Literatur- und Kirchengeschichte des Mittelalters 2 (1886) 417–615.
–, Quellen zur Gelehrtengeschichte des Predigerordens im 13. und
14. Jahrhundert, in: Archiv für Literatur- und Kirchengeschichte
des Mittelalters 2 (1886) 165–248.
Flasch, K., Die Intention Meister Eckharts, in: Sprache und Begriff.
Festschrift für B. Liebrucks, Meisenheim am Glan 1974, S. 292–
318.
–, Einleitung zu: Dietrich von Freiberg, Opera omnia, Tom. I:
Schriften zur Intellekttheorie (De visione beatifica. De intellectu
et intelligibili). Mit einer Einleitung von K. Flasch hrsg. von B.
Mojsisch, Hamburg 1977, S. IX–XXVI.
–, Kennt die mittelalterliche Philosophie die konstitutive Funktion

des menschlichen Denkens? Eine Untersuchung zu Dietrich von Freiberg, in: Kant-Studien 63 (1972) 182—206.

—, Zum Ursprung der neuzeitlichen Philosophie im späten Mittelalter. Neue Texte und Perspektiven, in: Philosophisches Jahrbuch 85 (1978) 1—18.

Gauthier, C., Un psychologue de la fin du XIIIe siècle. Thierry de Fribourg, in: Revue augustinienne 15 (1909) 657—673; 16 (1910) 178—206, 541—566.

Grabmann, M., Mittelalterliche Deutung und Umbildung der aristotelischen Lehre vom ΝΟΥΣ ΠΟΙΗΤΙΚΟΣ nach einer Zusammenstellung im Cod. B III 22 der Universitätsbibliothek Basel, (Sitzungsberichte der Bayerischen Akademie der Wissenschaften, Philosophisch-historische Abteilung 4) München 1936, S. 94—101.

Hauck, A., Kirchengeschichte Deutschlands, V/1, Leipzig 1911.

Jundt, A., Histoire du phanthéisme populaire au moyen âge et au seizième siècle, Paris 1875 (Nachdruck Frankfurt a. M. 1964).

Koch, J., Kritische Studien zum Leben Meister Eckharts, in: Kleine Schriften I, (Storia e letteratura. Raccolta di studi e testi 127) Roma 1973.

Kopper, J., Die Metaphysik Meister Eckharts, Saarbrücken 1955.

Krebs, E., Meister Dietrich. Sein Leben, seine Werke, seine Wissenschaft, in: Beiträge zur Geschichte der Philosophie des Mittelalters V 5—6 (1906).

Leander Albertus, De viris illustribus Ordinis Praedicatorum, Bononiae 1517.

Mazzarella, P., Metafisica e gnoseologia nel pensiero di Teodorico di Vriberg, Napoli 1967.

Meersseman, G., O.P., Laurentii Pignon Catalogi et Chronica, accedunt Catalogi Stamsensis et Upsalensis Scriptorum O.P., (Monumenta ordinis fratrum praedicatorum historica XVIII) Romae 1936.

Mittelalterliche Bibliothekskataloge. Deutschland und die Schweiz, hrsg. von der Preussischen Akademie der Wissenschaften in Berlin u. a., Bd. II: Bistum Mainz. Erfurt, bearb. von P. Lehmann, München 1928 (Nachdruck 1969).

Mojsisch, B., Die Theorie des Intellekts bei Dietrich von Freiberg, (Beihefte zu Dietrich von Freiberg, Opera omnia, 1) Hamburg 1977.

Pagnoni Sturlese, M. R., La „Quaestio utrum in Deo sit aliqua vis cognitiva inferior intellectu" di Teodorico di Freiberg, in: Xenia medii aevi historiam illustrantia oblata Th. Kaeppeli O.P., Roma 1978, S. 101—174.

Potthast, A., Liber de rebus memorabilioribus sive Chronicon Henrici de Hervordia, Gottingae 1859.

Preger, W., Der altdeutsche Tractat von der wirkenden und möglichen Vernunft, (Sitzungsberichte der philosophisch-philologischen und historischen Classe der k. b. Akademie der Wissenschaften I) München 1871, S. 157—189.

—, Geschichte der deutschen Mystik im Mittelalter, Teil 1, Aalen 1962 (Neudruck der Ausg. 1874—1893 in 3 Teilen).

Quétif, J., Echard, J., Scriptores Ordinis Praedicatorum, Tom. I, Parisiis 1719.

Spamer, A., Texte aus der deutschen Mystik des 14. und 15. Jahrhunderts, Jena 1912.

Steffan, H., Dietrich von Freibergs Traktat 'De cognitione entium separatorum'. Studie und Text, Diss. (masch.) Bochum 1977.

Sturlese, L., Dietrich von Freiberg, in: Die deutsche Literatur des Mittelalters. Verfasserlexikon (im Druck).

—, Gottebenbildlichkeit und Beseelung des Himmels in den Quodlibeta Heinrichs von Lübeck OP, in: Freiburger Zeitschrift für Philosophie und Theologie 24 (1977) 191—233.

—, Zur Biographie und zur Überlieferung der Werke Dietrichs von Freiberg, (Beihefte zu D. v. F., Opera omnia, 3— im Druck).

Tétreau, R. D., The agent intellect in Meister Dietrich of Freiberg, Diss. (masch.) Toronto 1966.

Wallace, W. A., Causality and scientific explanation, Vol. I: Medieval and early classical science, Ann Arbor (The University of Michigan) 1972, S. 94—103.

—, The scientific methodology of Theodoric of Freiberg, (Studia Friburgensia N.S. 26) Fribourg 1959.

PERSONENREGISTER

SACHREGISTER

Lightning Source UK Ltd.
Milton Keynes UK
UKHW012120221121
394427UK00002B/102